窮屈なセオリーから解放されよう

Qの仕掛けで教材研究
パワー全開で道徳科授業

杉本 遼 [著]

合言葉は **楽創授業**（たのつく）

東洋館出版社

はじめに

子どもも教師も楽しい道徳科の授業をつくりたい！

本書を手に取っていただき、ありがとうございます。
杉本遼と申します。東京都の公立小学校で教員をしています。
まず最初に、みなさんにお伝えしたいことがあります。

> 私は、道徳科（特別の教科道徳）の授業が楽しいです‼
> 子どもも教師も楽しい道徳科の授業を広めたいです‼

子どもたちが楽しく話し合う姿、真剣に考える姿がとても好きです。
大人である自分には思いつかないような考えが、子どもたちからどんどん飛び出してくると、感動してしてしまい、鳥肌が立つこともあるくらいです。
私はそんな調子で楽しく授業をしていますが、こんな言葉を聞くこともあります。

- ・「道徳の授業が苦手。子どもたちも楽しそうじゃない」
- ・「自分が子どものときどんな授業を受けたのか覚えていないからイメージが湧かない」
- ・「自分は道徳的だという自信がないから気が引ける」
- ・「教科書の教材はありきたりなお話が多くて授業しづらい」
- ・「できれば指導内容を減らしてほしい」

このように、道徳科の授業が「苦手だ」と思っている方や「あまり好きではない」と思っている方は少なくないようです。
次頁の**資料**（グラフ）は、「道徳科の授業を実施する上での課題（複数回答可）」（文部科学省「令和3年度道徳教育実施状況調査」）です。
これによると、過半数の学校が「議論して考えを深める」「多面的・

資料 道徳科の授業を実施する上での課題

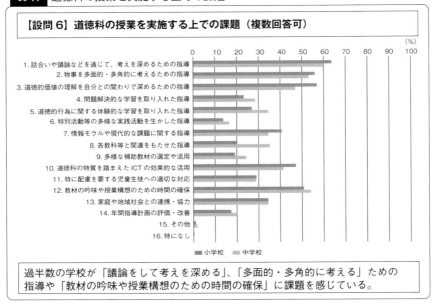

多角的に考える」ための指導や、「教材の吟味や授業構想のための時間の確保」に課題を感じていることがわかります。

私は、こうした現状があるからこそ、「子どもも教師も楽しい道徳科の授業」を全国に広めていきたいという思いから本書を上梓しました。無理なく効果的・効率的にできる教材研究・授業準備の方法を知ってもらうことが目的です。

多くの手間暇をかけて教材研究に打ち込む先生は素晴らしいと思います。しかし、そうしなければ楽しい授業にできないのかと問われれば、「そんなことはありません！」と私は断言できます。そればかりか…

"教材研究に手間暇をかけるだけではいけない" "教師の思いが強くなると、かえって授業が予定調和となり、楽しい授業から遠ざかってしまう" "授業は生き物。手間暇をかけたからといって、そのとおりにはいかない。そうであるがゆえに徒労感が増してしまう" とさえ考えているくらいです。

教材研究・授業準備を行うに当たって重視すべきは、「視点」を明確

にもつことです。そうできれば、多くの時間を必要としません。普段の授業であれば、10分間もあれば十分なのです。

本書では、そのための考え方と方法（「テーマ追求学習」）を紹介します。最初のうちは、10分間では終わらないかもしれませんが、慣れてくれば、教材を一読するだけで十分な教材研究になるのです。

> 子どもも教師も楽しい道徳科の授業をつくる！
> 合言葉は、「楽創（たのつく）」です!!

以下、各章のサマリーです。

第1章では、「子どもも教師も楽しい授業とは、どんな授業か」「どうつくればよいか」を概観します。

第2章では、具体的な教材を例に挙げながら、「Qの仕掛け」を活用して教材を読む方法を紹介します。

第3章では、「テーマ追求学習」（学習過程）を行うために必要となる「テーマ」の立て方を紹介します。

第4章では、子どもも教師も楽しくなる「テーマ追求学習」の実践例を紹介します。

＊　＊　＊　＊　＊

道徳科授業に対してポジティブな思いをもちたいと考えているすべての先生方に本書を届けたいです。

本書を通して「早く授業をしてみたい！」と思っていただけると、うれしいです。

令和6年10月吉日　杉本　遼

CONTENTS —Qの仕掛けで教材研究・パワー全開で道徳科授業

はじめに i

第1章 子どもも教師も楽しい道徳科授業

子どもが、楽しいと感じる道徳って、どんな授業？ 002
- 楽しい授業がしたい！ …… 002
- 友達と居酒屋で盛り上がるかのようなシチュエーション！ …… 003
- 子どもが道徳科授業を楽しいと感じる条件とは？ …… 005
- どんな学びがあれば、楽しいと感じるの？ …… 008

どのような道徳科授業であれば、先生たちは楽しいと思える？ 010
- 「道徳科授業は楽しくない」と感じさせてしまう理由 …… 010
- 道徳科の授業はセオリーが多い？ …… 013
- 「安全運転型の授業」から「冒険運転型の授業」へ …… 015

「?」と「対話・議論」と「!」が楽しい授業と本気の学びを生む！ 017
- 楽しい道徳科授業の3条件 …… 017
- サンドイッチ型の授業をしよう …… 019

授業に「余白」をもたせ、子どもに任せる！ 024
- 究極の流し込むだけの授業 …… 024
- 子どもの「?」に寄り添うとはどういうこと？ …… 026
- 授業に「余白」をもたせ、子どもに任せる！ …… 027
- 子どもの思考の波に乗る！ …… 028
- 授業に「余白」をつくれば子ども主体の学びになる …… 030
- 子どもの直感的思考・感性的思考を重視する …… 031

教材研究・授業準備10分間で、授業に余白が生まれる！ 033

- ●「問題」と「テーマ」を考えるだけ！ …… 033
- ●10分間で何をする？ …… 034
- ●「Qの仕掛け」で教材を読めば教材研究は終わる …… 035

第2章 「Qの仕掛け」で教材を読み、「問題」をつくる

慣れれば、教材を読むだけで授業ができるようになる！　038

- ●道徳の教材研究・授業準備の大変なところ …… 038
- ●道徳教材にツッコミを入れる！ …… 038
- ●教材の「よさ・特徴」もツッコミによって発見する！ …… 040

「Qの仕掛け」で教材を読む　044

- ●「Qの仕掛け」とは？ …… 044

問題をつくる

- **Qの仕掛け❶** 人物の行動や教材全体で価値を伝える …… 046
- **Qの仕掛け❷** 印象深い題名・キーワード …… 048
- **Qの仕掛け❸** 人物の気持ちや行動の変化 …… 050
- **Qの仕掛け❹** 対照的な考え方の比較 …… 052
- **Qの仕掛け❺** 書かれていない思いや考え …… 054
- **Qの仕掛け❻** 普通はできない・そうならない …… 056
- **Qの仕掛け❼** 葛藤や考え方の対立 …… 058
- **Qの仕掛け❽** 書かれていない行動とこれから …… 060
- **Qの仕掛け❾** 「もしも…」 …… 062

「Qの仕掛け」を生かして、教材「ヒキガエルとロバ」を読み解く　064

- ●教材に紐づけられる「Qの仕掛け」を見つける！ …… 064
- ●「Qの仕掛け」を生かして柔軟な授業をつくる …… 065

第3章 「5つの視点」と「道徳キーワード」で「テーマ」をつくる

「5つの視点」とは何か 070
「道徳キーワード」とは何か 075
「テーマ」のつくり方 078

第4章 「?」「!」が飛び交う楽しいテーマ追求学習の実際

「テーマ追求学習」のススメ 082

- ●「テーマ」と「問題」で学習プロセスをつくる …… 082
- ●「テーマ追求学習」の主な流れ …… 083
- ●授業のねらいの構成要素 …… 084
- ●道徳科では何を目指しているか、改めて考えてみる …… 084

「テーマ追求学習」の授業イメージ 088

実践をつくる

- **Qの仕掛け①** 人物の行動や教材全体で価値を伝える …… 092
- **Qの仕掛け②** 印象深い題名・キーワード …… 098
- **Qの仕掛け③** 人物の気持ちや行動の変化 …… 104
- **Qの仕掛け④** 対照的な考え方の比較 …… 110
- **Qの仕掛け⑤** 書かれていない思いや考え …… 116
- **Qの仕掛け⑥** 普通はできない・そうならない …… 122
- **Qの仕掛け⑦** 葛藤や考え方の対立 …… 128
- **Qの仕掛け⑧** 書かれていない行動とこれから …… 134
- **Qの仕掛け⑨** 「もしも…」 …… 140

第1章

子どもも教師も楽しい道徳科授業

> **Q** 子どもが、楽しいと感じる道徳って、どんな授業？

▶ 楽しい授業がしたい！

　東京学芸大学附属大泉小学校で勤務していたときのことです。
　給食の時間の校内放送では、放送委員会が連日、子どもたちが選んだ「自分の好きな教科ランキング」を発表していて、その日は、6年きく組（附属大泉小では、「きく組」「うめ組」「ふじ組」「ゆり組」の4クラスがあります）の番でした。
　ランキング発表は、「3位　音楽」「2位　体育」とつづきます。
　さて、気になる第1位は？
　教室のスピーカーから流れてきたのは、次の教科でした。

6年きく組の「第1位は、算数でした〜！」

　"そりゃ、そうだよなぁ。というか、そうでなくっちゃな"と私は、給食を頬張りながら考えていました。"自分が専門としている教科を選んでもらえないのだとしたら、何のための研究？ってなるもんなぁ"と。
　6年きく組を担任していた先生は、子どもたちと笑いを交えながら、いつも楽しそうに算数の授業をしているのを私は知っていました。彼は、算数を研究していた方でした。
　仮にもし、子どもたちから「どの教科も好き、楽しい！　だから、一

つになんか選べない」などと言われれば、天にも昇る気持ちになれるのかもしれません。小学校は（専科を除いて）全教科担任が授業を行います。しかしすべての教科で、子どもが満足できる授業を提供するのは、なかなかむずかしいのです。

そう考える私は、自分が研究対象としている教科の授業を「一番楽しい」「一番好きだ」と子どもたちに思ってもらうことにこだわりをもっています。

子どものほうにしても、どれか一つでも「楽しい」「好きだ」と思える教科があれば、学校に来るのが楽しみになります。そうした気持ちをもてれば、他教科等の学習にも目を向けるようになります。つまり、一つの教科の学びを起点として、学びの裾野が広がっていくと私は思うのです。

▶友達と居酒屋で盛り上がるかのようなシチュエーション！

私が研究対象としているのは道徳科です。道徳科は、子どもの学習意欲という点から考えると、（他教科等と比べて）ちょっとハードルが高いようにも感じます。

教師から「これから、『友達』について考えるよ」と言われて、「やったー！」となる子は、そう多くないはずだからです。対話するテーマにもよりますが、できれば心の奥底にそっと仕舞っておきたいことと向き合わなければならなくなることもあるわけで、子どもによっては抵抗感を覚えることもあります。

他教科等であれば、体を動かすのが好きな子どもは体育、条件を変えながら試行錯誤してみたい子どもは理科、ものづくりが好きなら図工といったように、自分の好みや特性に応じて、その教科の時間を楽しみにしている子どもたちがいます。国語や算数であれば得意かどうかに左右されるかもしれません。

それに対して道徳は、「わたしは道徳が得意！」などと口にする子ど

もはまずいません。

　しかし、シチュエーションを変えて、気の置けない友人たちと居酒屋で語り合うのだとしたらどうでしょう？

　普段だったら気恥ずかしくて言えないことも、つい口をついて出てきて、友達への熱い思いを語り合い、お互いに嬉しくなったり、楽しくなったり、もっと仲よくなれたりすることってありますよね（盛り上がりすぎて終電を逃してしまうことも…）。

　これは、お酒というアイテムがあってこその、一種のハイな精神状態によるものですが、シラフであっても、ときに大真面目で語り合うこともあるはずです。

　道徳科の授業でも、なんだか熱くなってしまって、気づいたら時間を忘れ、クラスメイトと語り合い、それを楽しいと思えたらステキですよね。そうした子どもが増えれば増えるほど、お互いの思いや考えもどんどん深まっていくのだと思います。

　では、どのようなシチュエーションであれば、（普段だったら"えー、そんなことを言わなきゃいけないの？"などと感じてしまうようことについても）熱く語りはじめるのでしょうか。

　私は、次に挙げる三つだと考えています。

> ● 自分と異なる考えに出合い、思いが揺さぶられたとき。
> ● わかっているつもりが、実はわかっていないと気づいたとき。
> ● 相手の話が、自分の関心事とつながったとき。

　自分の考えを話したとき、相手から「え？　本当に？」「それって違うんじゃない？」などと言われたら、「でもさ…！」などと反論したくなりますよね。

　あるいは、「Aさんの言っていることはわかるけど、それって本当に？」と問われれば、"本当だとは思っているけど、あまりよくわかっていないかも…"などと自問してみることもあるでしょう。

　さらに、「ぼくはみんなとは違う考えをもっています」といった発言

資料1

に対して内心、"恥ずかしくて言い出せなかったけど、それってわたしが思っていたことと同じだ"と感じることもあるはずです。

こんなシチュエーションで、子どもの中に「？」や「！」が生まれ、自分の考えを言いたくなったり、もっとクラスメイトの考えを聞きたくなったりします。そうした連鎖が、時間をも忘れてしまうくらい、子どもを夢中にさせるのです（**資料1**はイメージ図）。

▶子どもが道徳科授業を楽しいと感じる条件とは？

　私は毎年、年度末になると子どもたちにアンケートを取ってきました。質問内容の一つは「道徳科の授業は楽しかったですか？」です。

　次頁の**資料2**の左側は、現任校（東京都足立区立足立小学校）2022年度3年生のアンケート結果、右は前任校（東京学芸大学附属大泉小学校）2019年度6年生のアンケート結果です。

　一般論としては、学年が上がる（友達関係が複雑になったり、思春期を迎えたりする）につれて、道徳科授業での対話が予定調和的になってしまうといった話を聞くこともあります。しかし、毎年どの学年でも、子どもたちが「楽しい」と答えてくれており、嬉しい限りです。

　では、どんなときに、（発達段階にかかわらず）子どもたちは道徳科の学習を楽しいと感じるのでしょうか。

資料2 アンケート結果

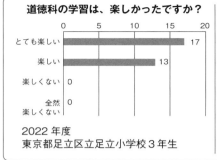

2022年度
東京都足立区立足立小学校3年生

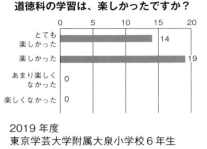

2019年度
東京学芸大学附属大泉小学校6年生

　現任校で子どもたちに「道徳科授業の楽しさ」を感じる理由について回答してもらった自由記述から類推すると、次の3つの条件と6つの事柄が浮かび上がってきました。

主体的な学び　「？」があること

①**疑問をもつこと、自分のもった疑問について話し合うこと**
- 自分が、「なんでだろう？」と思った疑問を話し合えるから。
- 問いについて、疑問や自分の考えをもてたとき楽しいと思う。

②**問いについて悩む・深く考えること**
- 道徳だととても悩むことが多い。考えさせてくれる授業。
- 先生が疑問を出したとき、深く考えられる。

対話的な学び　対話・議論が充実していること

③**自分の意見を話せること**
- 自分のことをたくさん話せて楽しかった。
- 普段、手を挙げないけれど、道徳では自分の考えを話し合っていて楽しい。

④**友達と話し合うこと**
- みんなでわかり合えた。意見を言い合い、たくさん考えた。

●友達の考えに共感できるところ。

> **深い学び** 納得の「！」が生まれること

⑤ **自分の考えをノートに書くこと**
- ●黒板がみんなの意見でいっぱいになる。自分の考えをノートにいっぱい書けたとき。
- ●ノートに自分の考えを書くのが好き。自分で図を入れて書ける。

⑥ **自分の学びを実感できること**
- ●新しい考え方を知ることができたから。
- ●登場人物の気持ちを考えながら学んだ。人の心や感情を学んだ。
- ●道徳で、してはいけないことを学んだ。生活に役立つ。

こうした視点の整理から、子どもが楽しいと感じられる道徳科授業の条件は、以下の３点だと考えることにしました。

■ **楽しい道徳科授業の３条件**

- ■「？」があること（ポジティブな疑問だけでなく、ネガティブな疑問も含む）
- ■子どもたちのやりとりが対話・議論になっていること（一問一答や、言いっぱなしの発言のやりとりではなく、双方向性のあるやりとりになっている）
- ■「！」が生まれること（いままで考えたことのなかった気づきや発見、「やっぱりそういうことだったのか」といった納得など）

この３条件は、独立したものではなく、相互に関連し合っています。
「？」があるから対話・議論したくなり、その先に、「！」が生まれます。逆に、だれかの「！」が、ほかのだれかの「？」になることもあります。いずれも、子ども同士の対話・議論を介してこその「？」であり、「！」です。

▶どんな学びがあれば、楽しいと感じるの？

資料3も、子どもたちのアンケート結果です（現任校、2022年度）。質問は「道徳科の学習は役に立ちますか？」です。その自由記述（回答）から道徳科の学びを、次の6つに整理しました。

■道徳科の学習で学べること

①積極的に自分の考えを話すこと
- たくさんの人に、発表できるようになった。積極的に話せる。
- 自分の考えを話す力がついた。大人になったら人と話し、協力することが多くなるから。

②自分の考えと比べて、話を聴くこと
- 人の話を聴くこと。ちゃんとみんなの話を聴いていたら話がよくわかるようになった。
- 人の考え方は違うこと。自分の考えだけではなく友達の考えをつなげて考えること。

③人と関わり、コミュニケーションを図ること
- みんなとコミュニケーションをとろうと思えばできること。
- 人との関係の仕方。今もそうだけど、社会に出て仕事をするから、そのときにこうしたらこの人と仲よくできるとわかった。
- 気持ちを考えるようになった。人に寄り添って活動することを学んだ。友達が思っていることを少しわかるようになった。

④一生懸命、考えること
- たくさん考えることができるので考える力がつく。自分の考えをもつことが大事だと思った。
- 教科書のお話が、とても考えさせられた。友達と話して、新しい考えが生まれた。

資料3　アンケート結果

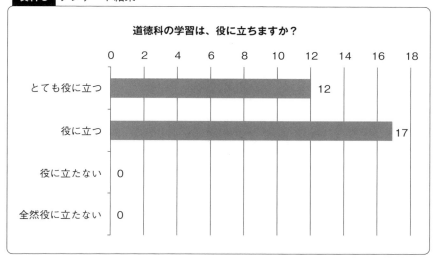

⑤社会のことや現実に起こっていることを考えること
- 社会や環境のことなどの話があった。世の中のことが話せる。
- 道徳科の授業は、「これからどうすれば、こうなる」と考えることができる。これからどうしていけばいいかがわかるから。
- 新しく知ることがある。気づいたことがたくさんある。

⑥道徳的価値に対して理解が深まること
- 優しさはどういうときに使うのかを学んだ。
- うそはついていいのとだめなのがあることを知って、それを考えるようになった。
- 命は誰でも一つ。命は大事。人間はとても大切だとわかった。

　ここまで、授業が楽しいと感じられるようになるためのシチュエーションや条件、学びについて紹介してきました。
　次項からは、教師の意識にフォーカスして「楽しい道徳科授業」について考えていきます。

Q どのような道徳科授業であれば、先生たちは楽しいと思える?

▶「道徳科授業は楽しくない」と感じさせてしまう理由

　端的に言って、次の声に代表されるように思います。
「道徳科の授業はむずかしい」
「どうやって授業を行うのがよいかわからない」
　こうした声の具体的な理由はさまざまですが、(若手を中心に)先生方に聞いてまわると、およそ次の意見を得ることができました。

[国語の授業と何が違うの?]
- 国語の授業のようになってしまう。子どもの発言の理由が「教科書に〇〇とかいてあるから」である。教科書の読み取りになってしまう。

[子どもからどんな発言が出るか予想できない]
- どんな発言が出るかないかわからない。指導書や考えたとおりの発言が子どもから出ない。
- 人の気持ちは結局、人それぞれだから見通しがもてない。

[発問が思いつかない]
- 気持ちを聞く発問、指導書に書いてある発問以外、発問が思い

つかない。
●今日考えることを何にするか、子どもたちの対話が深まらないときにどう発問したり、投げかけたりすればよいかわからない。

[学習過程が他教科等と異なる]
●他教科等だと、大きな主発問一つで展開していけるのだけど、道徳科の授業は主発問だけではどうにもならず、発問を何個も考えないといけない。

[毎回、教材が変わる]
●道徳には単元がなく、毎時間教材が変わるから教材研究の負担が大きい。

[道徳科の授業に力を入れる余裕がない]
●思いやりを育てるとか、個性を育てるとか、子どもたちに育ってほしいと思うことはある。しかし、学力向上や学校行事など、学校や教委から強く求められていることを優先してしまう。そのため、道徳科の授業は後回しにせざるを得ない。

　私が聞いてまわった先生方はみな、(若手だとはいえども)しっかり力量形成を図っている先生方です。実際に授業を参観したこともありますが、学級経営、授業力とも、私の若手時代よりも高いと思います(余談ですが、最近の若手の先生って、本当にスペックが高いように感じます)。そうした先生方が「道徳科の授業はむずかしい」と感じさせてしまっているのはよい状況とは言えません。努力と根性で何とかなる課題ではないと改めて感じます。

　こうした課題解決のための一つのヒントとなるのが、「マイナスのスパイラル」を「プラスのスパイラル」にすることです。この考え方は、平成の時代に道徳の教科調査官を務められた永田繁雄先生によるものです。

　最初に知っておきたいことは、「先生方の多くは、自分が子どものころに受けた授業を下敷きにして、授業や学級をつくる際のイメージ化を図る」ということです。

資料4 道徳科授業の「マイナスのスパイラル」

```
道徳の授業によいイメージがない
    ↓
授業を避けておきたい（忌避）
授業を重要だと思わない（軽視）
    ↓
道徳の授業に力が入らない
子どもも好きになれない
    ↓
道徳授業が形式化→形骸化
    ↓
道徳授業のイメージがいっそう悪くなる
```

［出典］永田繁雄「道徳授業の『還暦』目前、その再生と活性化を」『道徳教育』誌、2017年4月号、明治図書出版、2017年

　ということはつまり、子どものときに受けた道徳の授業が楽しくなかったり、よく覚えていなかったりすると、「道徳科授業のいいイメージ」をもてていないことになります。

　ここから出発してしまうことで起きてしまうのが、「マイナスのスパイラル」です（**資料4**）。

　要するに、"いくらがんばって授業をつくっても、子どもは楽しいと思わないだろう""教材もおもしろくないから、授業がおもしろくなるはずがない"といった気持ちが先立ってしまい、道徳を軽視してしまったり、（指導書どおりに授業すればよい、場面ごとに気持ちを発問すればよいといった）形式先行の授業にしてしまったりするということです。

　そもそも論ですが、（道徳に限らず、どの教科等であっても）まず先生自身が「おもしろい」「楽しい」と思って教材を研究できなければ、子どもたちにとって「おもしろい」「楽しい」授業にはなり得ません。

　そこで、道徳科授業に対して「プラスのスパイラル」（**資料5**）に転換したいと考えています。道徳科授業にプラスのイメージをもち、先生自身が楽しさを感じながら、さまざまな授業に挑戦していけるようにする考え方です。これが、子どもも教師も楽しいと思える授業をつくる第一

資料5 道徳科授業を「プラスのスパイラル」にする

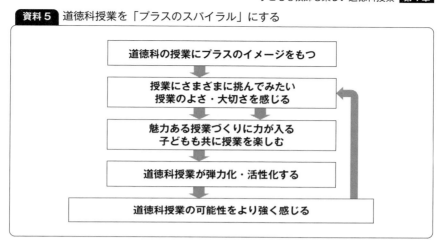

［出典］永田繁雄「道徳授業の『還暦』目前、その再生と活性化を」『道徳教育』誌、2017年4月号、明治図書出版、2017年

資料6 道徳科授業の決まりごと（taboo―禁じ手）

□学習問題を置くことはしない？
□二人の人物を追うことはしない？
□「もしも自分だったら」とは問わない？
□「展開後段」は必ず位置づけるべき？
□結論のない教材は使わない？
□「なぜ」という発問は避けるべき？
□エンカウンターを用いることはしない？
□子どもに決意表明はさせない？

［出典］永田繁雄「新たな時代に求められる道徳科の指導と評価」第11回道徳授業パワーアップセミナー資料、2021年

歩となります。

そのためにもぜひ、前項で紹介した［道徳科の学習で学べること］（子どもたちの自由記述）を思い返してもらい、道徳科授業のもつポテンシャルを信じてほしいと思います。

▶道徳科の授業はセオリーが多い？

道徳科の授業がおもしろくないと感じることの一つに、先生方が創意工夫を凝らす余地が少ない（と感じられる）ことが挙げられると思います。それを列記したのが**資料6**で、いわゆる道徳科授業の「決まりごと」（セオリー）とも言われるものです。

これも永田先生が指摘しているもので、こうした「決まりごと」への向き合い方を次のように指摘しています。

> ● 「決まりごと」や「禁じ手」と言われてきたものには、それなりの理由がある。
> ● しかし、この中で絶対に（100％）してはいけない物は一つもない。
> ● これらの項目を禁止事項として守り抜くことを強く求めるとき、授業は硬直化・形骸化しがちになる。

　指導者や研究会によっては今も、「まずは基本を忠実に」や「道徳科授業はこうあるべき」「道徳科授業ではこうしてはならない」などと、多くの「決まりごと」が指導されるようです。

　こうした指導そのものは大切なことなのですが、指導方法や学習過程など、授業の仕方は本来、さまざまあってよいはずです。それなのに「決まりごと」の縛りを強めすぎた結果、教師の裁量が狭まり、タブーとなってしまうのです。もし、指導されたどおりに授業しようとし、うまくいかない経験を繰り返してしまえば、（冒頭でも紹介したように）「道徳科授業はむずかしい」などといった苦手意識になってしまいかねません。

　私自身も若手時代、諸先輩方から次のように指導されたことがあります。

> ● 導入では、『友情』や『親切』といった価値を示さない。道徳は、他の教科とは違うから、学習問題や課題は設定しない。
> ● 展開前段では、基本発問として1―2場面の気持ちや思いを考えさせ、中心場面の気持ちや思いを考えさせる。
> ● 展開後段では、教材から離れて、自分のできたことやできなかったことを振り返って考えさせる。

　その後、何年にもわたって、私自身も上記の指導に基づいて（何ら疑うことなく）、授業を繰り返していました。

資料7

安全運転型の授業	冒険運転型の授業
①全員が授業という電車に乗り込む。 ②資料の場面ごとに停車(各駅停車)して、問い掛け、子どもは主人公の思いをその都度考える。 ③全員がゴールにたどり着き、自分たちのことを振り返る。 ④教師の話などを聞いてまとめる。	①子どもが気になることや考えたいことを明確にもつ。 ②それぞれが地図をもって運転するような思いで話し合いが進められる。 ③途中に議論が巻き起こったりして、道に迷うこともある。 ④一人一人が自分の納得を見つける。

[出典] 永田繁雄「『安全運転』の授業から『冒険運転』の授業へ」『道徳教育』誌、2011年9月号、明治図書出版、2011年

　さらに月日を経ると、私の頭はすっかり凝り固まってしまい、「道徳科授業はこうつくるべき」「道徳科授業ではこうしてはならない」という思いが強くなっていったように思います。それと並行して、教師の思いが強くなるほど教師ががんばる授業となり、子どもを受け身にさせてしまうようになりました。要するに授業中、子どもが自分の力を発揮する余地をなくしてしまっていたわけです。

▶「安全運転型の授業」から「冒険運転型の授業」へ

　やがて私自身も「ちゃんとやっているのに、子どもたちがちっとも楽しそうじゃない。自分も授業していてつまらない」と思うようになっていきました。「子どもたちともっと楽しい授業をしたいのに、どうにもうまくいかない」と、モヤモヤとした気持ちを抱えていました。
　そんなときでした。頭から電気が走るような衝撃を受ける話を、永田先生から聞きます。
　永田先生は**資料7**のように整理し、「安全運転」の授業と、「冒険運転型」の授業について説明しています。加えて、「道徳授業の多くは『安全運転』で成り立っていることから、そうした授業を否定するつもりはない」としながらも、「子どもの追求意欲が高まり、子どもと教師のせめぎあいを通して学びが生まれるには『冒険運転型』が必要である」と述べています。

それからというもの、「子どもたちが問いをもてる授業がしたい」「子どもが自分の考えを語り合える授業がしたい」そのために、「これまでの自分の考えをいったん脇に追いやろう」と考えるようになりました。
　そこで、「決まりごと」の中でも「道徳では、学習問題や課題を設定しない」に対して私は目を向けたのでした。「他教科等と同様に、道徳科授業においても、めあてや学習問題、追求していく課題を設定したっていいじゃないか」と考えたのです。
　子どもの学びは本来、「知りたい！学びたい！調べたい！やってみたい！」という意欲や疑問、願いや思いが原動力になります。これは、道徳科授業においても変わらないことのはずです。しかし、さまざまな「決まりごと」が、教師の裁量を狭め、子どもの学びの発露を抑止してしまっていたのだと思います。
　そんな数々の「決まりごと」も、きっと最初のうちは「そうしたほうがよいこと」といった感じで「推奨される」指導法だったのだと思います。しかし、月日が経つにつれて「そうしなければならないこと」と見なされるようになった結果、授業を息苦しいものにしてしまうものになったのではないでしょうか。
　いずれにしても、授業を通じて「？」が生まれなければ、対話や議論を行いようがないし、それでは「！」も生まれない、とシンプルに考えればよいのだろうと思います。

子どもも教師も楽しい道徳科授業 第1章

「？」と「対話・議論」と「！」が楽しい授業と本気の学びを生む！

▷楽しい道徳科授業の3条件

「楽しい授業の3条件」（「？」があること、対話・議論が充実していること、「！」があること）については、前述したとおりです。図に表すと**資料8**となります。

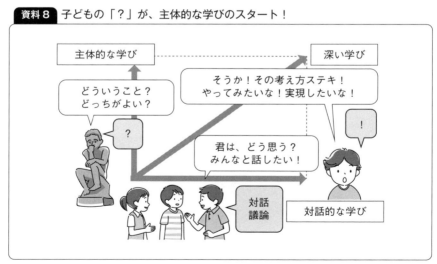

資料8　子どもの「？」が、主体的な学びのスタート！

［参考文献］永田繁雄「『深い学び』はどのように生まれるか」『道徳教育』誌、2018年10月号、明治図書出版、2018年を基に筆者が加筆して作成

017

ここでは、その一つ一つについて見ていくことにしましょう。

1　「？」があるということ

子どもは、「？」をもつからこそ、それを解き明かしたくなって主体的になります。反対に、「？」をもてなければ、学習を行う意味や意義を見いだせずに受け身となります。

「？」には素朴な疑問も含まれますが、ここで重視したい「？」とは、自分のもつ認識や考えとズレが起きる「？」です。こうした「？」は、「どういうこと？」「なんで？」「どっちがよい？」「どうやって？」を出発点として、「何をどう考えれば納得できるのだろう」「どうすれば解決できるのだろう」「自分でもいろいろ考えてみたい」「みんなの考えも聞いてみたい」などと課題追求への意欲をもたらします。

これは、自然発生的に生まれる場合もありますが、教師による意図的な仕掛けと指導があってこそ、より確度が上がります。

2　対話・議論が生まれるということ

道徳科に限ったことではありませんが、子どもの深い学びにつながる対話・議論は、教師が指示さえすれば生まれるというものではありません。そうなるための前提条件があります。それは、その対話や議論が、子どもにとって必然性があるかどうかです。

この必然性がないと、対話や議論に発展せず、教師に問われたことに答え、子どもが考えを発表し合うだけの話し合いとなります。ひいては、子どもがいろいろと発言している割に話し合いがかみ合わず、教師と子どもとの一問一答になってしまうこともあります。それでは、察しのよい一部の子どもの発言にとどまるでしょう。

この「対話や議論を生まれる必然性」こそが、子どもが解決への意欲を燃やせる「？」にほかなりません。実際、子どもたちが「？」をもてていると、誰かの発言が自分と同じであれば「自分も同じだ」と言いたくなるし、自分とは異なれば「自分は違う。だって…」などと言いたく

なるからです。ここが、対話や議論の切り口になるのです。

3 「！」が生まれるということ

　子どもが解決してみたいと思える「？」をもち、クラスメイトと対話や議論ができれば、「その考え方、いいね！」「そうか！」といったさまざまな気づきや発見が生まれます。その過程を通して、自分の考えをさらに深めたり、他者の意見を踏まえて考えを変えたりしながら自分なりの「！」になるのです。

　ときには、納得が得られない授業もあるかもしれません。しかし、過度に落ち込む必要はありません。子どもの道徳性は、1時間の授業で完結的に育つものではありません。それに、ある時間のモヤモヤが、別の時間の「？」につながることもあります。要は、早急に道徳性を育てようとせず、1年間（35単位時間）を通じて、少しずつ育てていく意識をもてばよいのです。

　道徳科には単元というものがないためか、あたかも一話完結型のドラマのように起承転結のある1時間にしなくてはならないかのように思いがちです。しかし、そうした考えに固執すると、子どもにとっても教師にとっても授業がつまらないものになってしまいます。

　子どもの内面の成長は、その子にしかできない一大事業です。教師は伴走者としてそのための手助けをするのが役目だと考えればよいのではないでしょうか。そのためにも、道徳科授業では、35単位時間ある一つ一つの授業を積み重ねていくなかで、「理解」するだけではなく、小さな「納得」や「葛藤」が子どもの中にたくさん生まれることを重視したいです。

▶サンドイッチ型の授業をしよう

　自分の授業を以前と現在とを比較すると、以前は「おにぎり型の授業」をしていて、現在は「サンドイッチ型の授業」をしていると表現す

ることができます。まずは、おにぎり型の授業から紹介します。

1　おにぎり型の授業

「おにぎり型の授業」とは、中にどんな具が入っているか知らされていないおにぎりを手に、海苔やお米をある程度食べ進むことで、ようやく何の具なのかがわかる、そんな授業をたとえたものです。

資料9　おにぎり型の学習過程

	学習活動
導入	
展開	・発問① ・発問② 　　： ○中心発問 　テーマ
終末	

資料9が典型的なおにぎり型の学習過程で、まず教材を範読し（「海苔」の部分）、次に発問を通して場面ごとに登場人物の行動や気持ちを考え（「お米」の部分）、そこまできてようやく道徳的価値（授業の中心となる「具」の部分）に迫ります。おにぎり型の授業は、永田先生が指摘した「安全運転型の授業」だと言えるでしょう。

「おにぎり型の授業」の場合、教師は子どもたちが無事おにぎりの具（道徳的価値）にありつけるように授業を展開する必要があります。私はこの「おにぎり型の授業」を長年してきました。

資料10は、教員4年目に行った「心と心のあく手」（文部科学省「私たちの道徳3・4年」）の授業の板書で、「おにぎり型の授業」の典型例とも言えるものです。

このときは、子どもの「？」をほとんど意識していません。教材に登場する各場面で登場人物がどんな気持ちや思いをもっていたのかを順番に発問しています。

また、すべての場面を取り上げなければならないと思い込んでいたため、授業展開も急ぎ足です。なんとかやりきったものの、肝心の「内容項目」である「親切、思いやり」について考え合う機会をつくることができず、説話をして授業を終えました。子どもの振り返りには、教材や

資料10 おにぎり型の授業

場面ごとに登場人物の気持ちを発問し、中身の具（道徳的価値）に向かう授業。

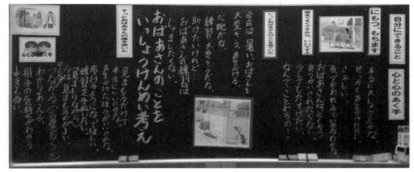

登場人物のことしか書かれていませんでした。これでは、おにぎりの具に到達しないまま終わり、「何のために学習したのか」が子どもにもわからない授業だったと言わざるを得ません。

　もちろん、「おにぎり型の授業」だと、すべてこんな授業になってしまうわけではありません。これは、あくまでも私自身の失敗談です。ただ私と似た失敗を犯しがちであるとは思います。つまり、「何について学ぶのか」（道徳的価値という「具」）がわからないままで授業をすれば、子どもは「？」をもちようもなく、「？」をもてなければ対話・議論しようがないという失敗です。

　教師にとって「おにぎり型」は、教師の想定した展開どおりに進める点では授業しやすい反面、子どもが本気で対話・議論し、自分なりの納得を得られる授業にするという点では難易度の高い授業だとも言えます。

2　サンドイッチ型授業

「サンドイッチ型の授業」では、授業の早い段階で「子どもたちが考えていく『問題』と『テーマ』」を明らかにしたうえで考えていきます。この点が、「おにぎり型」の授業とは異なる点です（**資料11**）。

資料11　サンドイッチ型の学習過程

	学習活動
導入	「テーマ」
展開	○問題
終末	

教材を読みながら、この「問題」と「テーマ」を具体的にイメージしておき、実際の授業では追発問をしたり、子どもの発言に問い返したりしながら、子どもとともに話し合っていきます。

サンドイッチ型授業は、（「安全運転型の授業」と同様に）永田先生が指摘した「冒険運転型の授業」からヒントを得て、自分なりに当てはめてみた考え方です。サンドイッチの具は最初から見えているので、それをどのように食べたいのかを考えながら学習に取り組んでいけるので、「？」が生まれやすく、対話や議論にもっていきやすくなります。

資料12は、「フィンガーボール」（日本文教4年）の板書で、「サンドイッチ型の授業」の典型例とも言えるものです。

導入では、子どもが「内容項目」をイメージしやすいように、「テーマ」を「礼儀に必要なこととは？」としています（板書の左側）。

教材を読んで、心に残ったことや疑問に思ったことを出し合うと、「女王様は礼儀としては正しくないけれど、お客様に対する態度としては正しいのではないか？」「え？女王様はよいの？それとも悪いの？」といった「？」が生まれたことで、「汚れた手を洗うためにフィンガーボールを使うのと、フィンガーボールの水を飲むのとでは、どちらがよいことか？」について対話する活動が生まれています（板書の中央）。

その後、「問題」と「テーマ」に立ち返ることで、礼儀は状況や場面によって違うこと、形だけでなく相手の気持ちを考えて行うなど心が大事であるといった対話に発展していきました（板書の右側）。

資料12 サンドイッチ型の授業

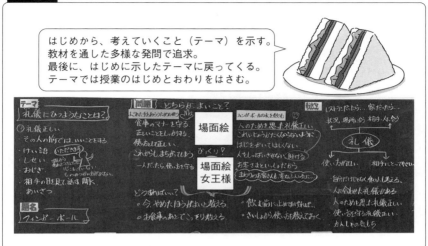

「サンドイッチ型の授業」であれば、前述した「おにぎり型の授業」とは異なり、最初の一口目から「具」(「問題」と「テーマ」)にありつくことができます。しかも、よく咀嚼しながら味わえば(子ども同士で対話できれば)、最初には気づかなかった味(道徳的価値)に気づけるようになるのです。つまり、「具」を道徳的価値とするのではなく、「問題」と「テーマ」とするのがポイントです。

このような授業スタイル(子どもたちにとっては学習スタイル)にすることで、授業の帳尻を合わせようとして焦ってしまったり、子ども同士の対話の時間を生み出せずにやきもきすることがなくなります。子どもたちのほうも、自分の考えたことを発言するだけでなく、自分と同じ(または違う)考えに触れながら、自分の考えを深められるようになります。つまり、教師と子ども双方にとって楽しいと思える道徳科授業になっていくのです。

授業に「余白」をもたせ、子どもに任せる!

▶究極の流し込むだけの授業

　私がはじめて自治体の研究会で、研究授業を行うことになったときのことです。教材は「ぴよちゃんとひまわり」(学研)で、それまでに私が教わってきた「決まりごと」を自分なりに実演する場でもありました。

　教材への関心を高めるため、導入では黒板をパネルシアターにして、たくさんのひまわりを提示します(**資料13**)。黒板に貼った場面絵は自作で、場面ごとに気持ちを問う発問を短冊にしておきます。教材の最後の場面では音楽をかけ、大きなひまわり畑を下から上へと広げます。

　授業の途中には映像資料を視聴させます。本物のひまわりの種から芽が出て、茎をのばし、花を咲かせ、枯れて、種をつくる様子(写真)をコマ送りで見せるつくりです(プレゼンテーションソフトで編集)。

　授業の最後には、自作した家系図を使って説話を行います。

　こんな(ある意味で)盛りだくさんの授業ですが、盛りだくさんすぎて1時間に収まるか心配になった私は、授業の流れを(一言一句に至るまで)台本にしたのです。

　さて、本番です。研究授業は、(私が想像していた以上に)台本どおり・時間どおりに進めることができました。授業後の協議会では、講師の先生からほめられ、私は有頂天になります(このときのことがきっかけとな

資料13 板書

り、ずいぶん長い間、私の授業は迷走してしまうことになります)。

　この授業にはいくつもの突っ込みどころがあるわけですが、一番大きな点を挙げるとすれば、子どもが自分の頭で考える余地がない点です。

　それはそうですよね。分刻みで台本どおり進めていく授業ですから、子どものほうも、その台本に則って(一部の察しのよい子どもが)発言するほかありません。頭のなかでは何かしら考えていたことがあったとしても表現しようがなかったはずです。

　さらに(このときはたまたま台本どおりになりましたが)、ひとたび教師の想定外の何かが起きれば、一瞬にして破綻する授業でもあります。

　このことに気づいてからも、私の中に生まれた葛藤は、数年もの間つづいていくことになります。

▶子どもの「？」に寄り添うとはどういうこと？

　資料14は、子どもと一緒に授業をつくることを大事にしはじめたころの板書です。教材は研究授業を行ったときと同じ「ぴよちゃんとひまわり」です。

　私にとっての大きな変化は、縦書きから横書きになっている点だけでなく、(「道徳授業は縦書きのほうがよい」といった「決まりごと」もありました)、ぱっと見は、見渡しやすい板書にはなっていない点です。

　これは、それだけ子どもたちがたくさんの考えを出してくれたからです。「たくさんの考え」が生まれる授業、すなわち子どもたちの心に残ったことや疑問から学習を進めるようになったことが大きな変化です。

　導入では、「テーマ」として、「『命は、○○だから大切』の○○に、どんな言葉を入れる？」と問い、一人一人考え方が違うことを確認したうえで、(今日の学習を通して)「新しく、『こうだな』と思えたり、やっぱり、『こうだな』と思えたりしたらいいね」と声をかけました。

　その後に教材を範読し、子どもたちが心に残ったことを聞きながら、みんなで考えていける「問題」にしていきます。

　授業前にあらかじめ用意しておいた発問は、次のひとつだけ。

▶「ぴよちゃんは、いのちについて、どんなことを考えたのかな？」

　ぴよちゃんの抱いた気持ちや考えを場面ごとに聞くのではなく、すべての場面を通じてぴよちゃんが考えたことを丸ごと聞く発問にしたのです。

　そうすることで、どんなことが起きたのか？

　子どもたちは、場面ごとに整理して発言してくれませんから、あっちに行ったり、こっちに来たりします。板書するのも必死です。

　子どもたちの自由な話し合いから、授業の最後には、「いのちのリレー」というステキな言葉が出されました。これにはびっくり。

　子どもたちと話し合いながら、それぞれの考えを矢印でつないでいっ

資料14 板書

た（子どもの思考の仕方に、私のほうがアジャストしながら追いかけていった）ことで生まれた、私には到底思いつけない想定外の言葉でした。

こんなところにも、子ども主体の授業にするうえでの秘密があるように思います。教師である自分にとってやりにくい授業であってこそ、子どもにとっては考えやすい学習になるのではないかということです。

このように考えると、教師である私の思考の仕方に則って本時を組み立てていたら生まれなかった言葉だっただろうし、命に対する子どもたちの学びも得られなかったと思います。

▶授業に「余白」をもたせ、子どもに任せる！

（あらかじめ言葉を記しておいた）板書に貼る短冊も、導入で子どもの興味を引くための写真も、教材にまつわる大きな絵も、音楽も、プレゼンテーションも、ぜ〜んぶ、なくしてしまいました。小道具だけでなく、もちろん台本もありません。

発問にいたっては、導入と展開それぞれ一つだけ。それ以外はすべて「余白」。あえて授業をつくり込まない。子どもたちと話し合い、考えを共有し、「？」を解決するために子ども同士が話し合える授業にするために、どうしても「余白」が必要だと考えたのです。

熱心に教材研究に打ち込み、さまざまな小道具や仕掛けを用意して授

業に臨んでいる先生方もいることでしょう。そうした授業が子どもに深い学びをもたらしているのであれば、素晴らしいことです。

しかしもし、教材研究に手間暇をかけるほどに、子どもが活躍できる余地がなくなってしまうのであれば本末転倒です。子どもも教師もちっとも楽しくないからです（本物の楽しさがないところに、深い学びはありません）。だからこそ大切なことは、どのような教材研究を行うのかです。よい授業にするには、手間暇と時間をかければよいとは限らないのです。

そんな私は「授業に余白がある分だけ、子どもも先生もドキドキ・ワクワクできる」と考える教師です。だからこそ、自分の授業づくりにおいて「何をすべきか」ではなく、「何をすべきではないか」を優先して考えています。

そうは言っても、単に「余白」をつくればいいというわけではありません。その「余白」をどう使うかが問われます。それは「何を」「どこまで」子どもに任せるかという課題と背中合わせです。

しかし、こればかりは実際に子どもに任せてみないことにはわかりません。毎年、受けもつ子どもは違うのですから、（肉体的・精神的なリスクを伴わない範囲内で）まずはとにかく任せてみて、「うまくいったこと」「うまくいかなかったこと」を見極めながら、目の前の子どもたちに合った「余白」のもち方と利用法をそのつど、子どもたちと共に考えていけばよいのだと思います。

そのためにも、子どもたちから出された問いや考えを、教師も一緒になって考え、話し合うことが大切です。ときには脱線しながらも、問い返したり、確認したり、追発問したりしながら、拡散させ、整理し、一緒になって対話を楽しむことです。

▶子どもの思考の波に乗る！

授業づくりに対して、永田先生は、次のように説明しています（永田繁雄「授業の『お膳立て』を『仕掛け』に変える」『道徳教育』誌、2018年9月

号、明治図書出版、2018年)。

- 不用意な「お膳立て」を、思考空間を生む「仕掛け」に変える。
- 効果的に「手を抜く」が「気を抜かない」。

　大人は子どもに対して、つい「お膳立て」をしすぎてしまいがちです。これは、(自分がやってあげなければ)「子どもは何もできない」と思い込んでいるからにほかなりません。
　多くの教師もそうだと思います。たとえば、道徳科授業のことでいうとこんな思い込みです。

- 教師が働きかけないと、子どもは主体的にならない。
- 効果音や音楽をかけないと、子どもはその場の状況や雰囲気を理解できない。
- 登場人物の気持ちで語らせないと、子どもは自分のことを話そうとはしない。
- 子どもに問いをつくることなどできない。
- 授業の流れがわかりやすいように、発問を短冊にしておかないと、考えることができない。
- ワークシートに発問を書いておかないと、子どもは書けない。

　はたしてそうでしょうか？　何もかも用意されていなければ、子どもは主体的にはなれないのでしょうか？　自分で考えることはできないのでしょうか？
　もちろん、教師による意図的な働きかけは必要です。考える材料が何もなければ考えようがないわけですから、そうした材料を用意しておくことは重要です。
　しかし、それらは必要最小限に留めたほうがよいと考えます。なぜなら、教師の働きかけが多くなるほどに子どもは受動的になり、さらにあれもこれも用意されれば自分で考えようがなくなるからです。結果「先生の言うとおりにすればいいや」となります。

とはいえ、ここまで語ってきたように、私自身もかつてはお膳立てをしすぎる教師の一人でした。それが変わるきっかけとなった出来事はいくつかあるのですが、その一つに挙げられるのが、授業準備をまったくできないまま臨んだ授業です。
　普段はできる限りの準備をして授業に臨んでいたのですが、その日は体調が芳しくなく、何の準備もできないまま朝を迎えてしまいました。内心"どうしよう…"と不安な気持ちにもなりましたが、いくら不安がっていても仕方ありません。私は開き直って授業に臨むことにしました。
　授業がはじまると、子どもの言葉に食らいつき、どう返すか、子ども同士の考えをどうつなげるかと、そのつど判断しながら展開しました。
　そんなアドリブ授業だったのですが、不思議なことに、いつもよりも子どもの言葉がよく聞こえるような気がしました。頭の中もフル回転。子どもたちと真剣勝負をしているような感覚を覚えたのです。授業後、"これが永田先生のいう『気を抜かない』ということなのかもしれないな"と思いました。
　この出来事を機に、「授業準備なんて必要ないや」としたわけではなく、「どのような授業準備だったら、あのときの授業に近づけるんだろう」と考えるようになりました。つまり、「準備すべきことは何か」「あえて準備しないほうがいいのは何か」授業準備のあり方を見直すことにしたわけです。

▶授業に「余白」をつくれば子ども主体の学びになる

　それからというもの、(極力ですが)「余計なお節介を焼くのはやめよう」と考えるようになりました。「お膳立てはしない。『余白』をつくれば、子どもは、子ども自身の力で主体的になるし、考えるし、対話しはじめる」と。
　そもそも子どもは好奇心旺盛で、主体的な存在です。「これ、何？」「なんで？」等と問う乳児や幼児の姿を思い浮かべれば、容易に想像で

きると思います。しかし、ある段階から「(少なくとも授業中については)主体的でなくなる子ども」が現れます。そうなるには、そうするだけの理由(言い分)が、どの子にもあるはずです。

そうした理由を鑑みずに、アレコレ手を打ったところで、その子は主体的にはなれないはずです(子どもによっては、教師によく思われようとして「主体的」を演じはじめる子もいます)。それに、たとえ理由がわかったとしても、一人一人異なる状況を解決することなど現実的ではないでしょう。

対応策はいたってシンプルです。(繰り返しになりますが)授業に「余白」をつくり、子どもにとって授業を楽しくするのです。

この「余白」を有効活用するには、いくつのか方法がありますが、その一つは、教師の出番を明確にすることです。教師の出番を明確にするということは、それ以外の場面では「教師が出しゃばらない」(たとえそうしたくなっても、ぐっと我慢する)ということでもあります。

▶子どもの直感的思考・感性的思考を重視する

「発問」とは文字どおり、「問い」を「発する」ことで、子どもに対して教師が行う指導の一形態です。(どの教科等でもそうですが、特に)道徳科授業では、この発問が重視されます。そのため、道徳の教材研究は発問研究だと言い換えられるかもしれません。

ただ私はここに、違和感を覚えるのです。それは、教材研究の対象とすべきは、教師と子ども双方の「問い」となっている必要があるのではないかという違和感です。つまり、教師が子どもにもたせたい「問い」と、子どもが解決を試みたい「問い」が抱き合わせであってこそ、有用な教材研究になるはずだということです。

そうなるには、大前提があります。それは、教師が子どもにもたせたい「問い」が、教師自身にとっても解決してみたいと思える「問い」であることです。そうであるからこそ、子どもが「これ、何?」「なんで?」と「?」をもてたとき、子どもの考えをおもしろがり、教師自身もまた「本

当に、なんでなんだろうね」と問い返せるのです。

　もし、子どもの内に「問い」がないのだとしたら、授業はどこまでいっても「教師が一方的に考えさせる」使役的な授業にとどまります。ここまで語ってきた「子どもと一緒に話し合い考える授業」とはなり得ません。

　加えて、子どもと共に授業をつくる上で大事にしていることがあります。それは、クラスの子どもがどう反応するかを予想することや、教師の発問に子どもの問題意識が向かうように仕掛けることです。

　ただそうは言っても私は、「子どもの反応」を予想したり、仕掛けを考えたりすることに手間暇をかけるようなことはしません。教材を読んで、授業の「問題」と「テーマ」をイメージしておくだけです。

　教材の「よさや特徴」をとらえ、「この教材で自分が子どもならどう考えるか」と自分の「問い」を考え、その「問い」を子どもに投げかけたら（発問したら）、直感的・感性的にどんな思いを語ってくれるだろうかとワクワクしながら想像してみる。そうするだけで十分なのです。

　"本当に、そんなんで大丈夫なの？"と心配になる方もいると思いますが、（本書で紹介する考え方・方法を参考にしてトレーニングを積みながらですが）やってみればわかってもらえると思います。少なくとも、子どもたちの反応が大きく外れることはないし、授業の方向性が大きくブレることもありません。

　ただし、授業に「余白」をつくるには覚悟が必要です。子どもに任せるのは怖いかもしれません。そして、毎時間の授業が真剣勝負。気を抜かない授業には、相当のエネルギーが必要です。

子どもも教師も楽しい道徳科授業 第1章

教材研究・授業準備
10分間で、授業に
余白が生まれる！

▶「問題」と「テーマ」を考えるだけ！

本書で提案したいのは「テーマを追求学習」です。具体的な実践は第4章で詳述しますが、この学習過程は、「Qの仕掛け」を活用して教材を読むことで実現することができます。

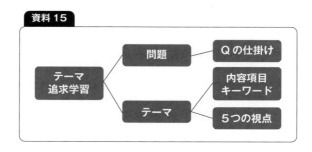

資料15

教材研究・授業準備の段階で私が考えるのは、導入で示す「テーマ」と、教材を通して考えていく「問題」です（**資料15**）。

端的に説明すると次のとおりです。

① 教材を「Qの仕掛け」を読み、教材のよさや特性を生かして「問題」を考える。
② 「問題」に合った、「テーマ」を「内容項目キーワード」と「5つの視点」から考える。

033

▶10分間で何をする?

　教材研究・授業準備10分間の内訳は、**資料16**となります。

　まず教材を読みます。教材の文章量にもよりますが、読み終えるのに3分間程度はかかると思います。この読みを前の週、1週間の予定を計画する際に行っておきます。

　細かい点は忘れてしまってかまいません。ぼんやり記憶に残っている程度が丁度いい案配です。頭の中にぼんやりと残っていることで、授業イメージが固まっていきます（慣れてくると、並行して「問題」と「テーマ」のイメージ化も図れるようになります）。

　授業を行う前に、「Qの仕掛け」をもとにして5分間で教材を再度読みながら、次の事柄について考えます。

> ① 「Qの仕掛け」で、この教材にはどんなよさや特徴があるかを捉える。
> ② 自分自身が疑問に思うことは何かを考える。
> ③ 子どもが疑問に思うことや気にかかることは何かを予想する。
> ④ ②と③を踏まえて、どんな発問を行うかをいくつか考える。
> ⑤ ④の発問のうち、授業の軸となる「問題」（子どもが一番考えたくなりそうなこと）をイメージする。
> ⑥ 「問題」に合うテーマを考える。

　慣れるまでは教材の脇に（リスト化した）「Qの仕掛け」（45頁参照）を置いてチラ見しながら読み、問いや発問を書き出すとよいでしょう。

　次に、残りの2分間で、授業の導入で示す「テーマ」を考えます。教材のよさや特徴を生かした「問題」について話し合っていく中で親和性のあるテーマを「内容項目キーワード」から選び、「5つの視点」と組み合わせます。その際、子どもが考えたくなる文言になるように意識します（こちらも慣れです）。

資料16 教材研究・授業準備10分間の内訳

前の週
①（3分間）
次週の計画を考えるときに、教材を一読する

→

授業前日まで	
②（5分間）	③（2分間）
Qの仕掛けを活用して教材を読み「問題」を考える	「問題」を通して子どもが考えることができる「テーマ」を考える

▶「Qの仕掛け」で教材を読めば教材研究は終わる

　いくら教材を読み込んでも、何の「視点」ももたずに読んでいては、具体的な授業イメージをもつことはできません。そのための「視点」を提供するのが、「Qの仕掛け」です。

　これに基づいて教材を一読すれば、その教材のもつ「よさや特徴」をとらえることができます。そこから、「問題」と「テーマ」をイメージできてしまえば、その時点で、子どもが疑問に思うことや発問も想像がついているので、教材研究・授業準備が終わります。

　（繰り返しになりますが）慣れるまでは、ある程度の時間がかかります。最初のうちは、「Qの仕掛け」との関連性を意識しながら教材を読み、問いや発問を書き出すので、およそ30分間といったところでしょうか。その後、慣れさえすれば「Qの仕掛け」も頭に入っているし、書き出す必要もなくなるので、20分間…15分間…10分間と短くなっていきます。

　要するに、手順を踏みさえすれば、教材研究・授業準備は実質、教材を2回読むだけでよいようになるのです。

　　　　　　　　　　　　　＊

　では、「問題」と「テーマ」はどのようにイメージすればよいのでしょう。「問題」のつくり方については第2章、「テーマ」のつくり方については第3章で紹介し、第4章で「テーマ追求学習」の実際を紹介したいと思います。

第2章

「Qの仕掛け」で教材を読み、「問題」をつくる

> **Q** 慣れれば、教材を読むだけで授業ができるようになる！

▷道徳の教材研究・授業準備の大変なところ

　道徳科の授業は基本的に１時間の授業で１つの教材を用います。そのため、毎週のように教材研究・授業準備を行わなければなりません。このようなところにも、道徳科授業づくりの大変さがあります。

　実際に、こんな声を聞くこともあります。

- 「今週は、この教材か。どんな授業をしたらいいんだろう？」
- 「教材分析が大事なのはわかるけど、どうすればよいの？」
- 「教材を読んでもなんかピンとこない。どう使えばよいの？」

　道徳科の教科書に掲載されている教材のほとんどは、登場人物の行動、気持ちなどが描かれている読み物です。もし、教材を読みながら子どもが疑問に思うことや発問を思いつければ、教材研究・授業準備の時間が大幅に短縮できます。そのために重要となるのが、教材の読み方です。

▷道徳教材にツッコミを入れる！

　お笑いの世界には、ボケとツッコミがあります。このうち、ツッコミとは、他者の誤りやボケなどおかしな振る舞いを言語化して指摘する所

作です。私は、このツッコミの手法を教材の読みに取り入れて教材研究をしています。ツッコミに慣れてくると、「それってどういうこと？」「何だかおかしくない？」といった自分自身の「？」が生まれ、「子どもに投げかけたら、自分と同じ反応をするかな、それとも…」などと「発問」が浮かんでくるようになります。

ここでは、教材「雨のバス停留所で」（文部科学省が作成した有名教材）をもとにして、私がどんなツッコミを入れているかを紹介します。

「雨のバス停留所で」のあらすじ

主人公の「よし子」は、ほかの人たちと共に近くの店の軒下に並び、雨を避けながらバスを待っている。バスが近付いてくると、よし子は、停留所の先頭へと駆け出し、真っ先にバスへ乗ろうとする。そんなよし子を連れ戻す母親のいつもと違う様子を見て、自分がしたことについて考える。

・なんで、お店の軒下に並んでいるの⁉ お店の邪魔でしょ！
・お母さんを置いて駆け出すなんて、よし子さんの行動力すごいな！
・お母さん怒りすぎでしょ！そんなに怒ることかな⁉

教材の揚げ足をとるような読み方だと感じる方もいるかもしれません。「たとえそう思っても口にはしない野暮なツッコミだ」と…。

ただこうした直感的な思いつきは、自分の「？」になるだけでなく、子どもの「？」とリンクすることも多いので、実はかなり有効です。また、私の「？」とまったく異なる「？」が子どもから出されれば、"え！ツッコミどころはそこ？"と自分の「？」との違いが浮き彫りになり、

「どうしてそう思ったの？」とか「教材のどの部分からそう思ったの？」などと、ごく自然に問い返すこともできます。

こうしたことから、道徳教材に対して自分が「ツッコミ」を入れたことや「直感的に思ったこと」を重視して教材を読んでいるのです。

▶教材の「よさ・特徴」もツッコミによって発見する！

教科書教材には、それぞれ「よさや特徴」があり、「生かし方」があります。(当たり前の話ですが)それらがなければ、道徳科授業の教材となり得ないからです。

そもそも教科書教材は、小学校学習指導要領や解説書に示されている「目標」「内容」「内容の取扱い」に準拠して作成されているものであり、そこには、教師が考えさせたいことを子どもが考えることができるように、教科書作成に携わる方々の意図と子どもたちを引きつける工夫があります。

ツッコミを通して、その教材にはどのような「よさや特徴」があるのかを、自分なりに類推するのです。

たとえば、教材に登場する主人公がとった行動に対して、「そこまでする？」とツッコミを入れたとするならば、その「そこまでする理由を考えることが、その教材のもつ『よさや特徴』なのだろう」などと察しがつくということです。

ここが、一般的に行われている(教材分析としての)教材の読みと異なる点です。「ねらい」や「道徳的価値」などと照らして詳細に分析することを後回しにして、一人の読者として楽しみながら教材を読んでいくのです。このように(教材を教材として読むのではなく)読み物として(自分事として)読むことで、「こう教えたい、ここを考えさせたい」といった指導内容よりも、「ここがおもしろい。不思議だ。子どもだったらどう感じるのだろう」といった自分の好奇心を優先させているわけです。

そうするのは、教師としての「明確な指導観」よりも、子どもと一緒に学ぶための「柔軟な学習観」を重視しているからです。

子どもたちは、教師の授業案や計画とは無関係に（知らずに）学んでいます。すると、教師の案と子どもの考えたいことがズレてしまうことがあります。ここに子どもが教材を読んで、直感的に感じるであろうところにツッコミをいれながら読む必要性があります。

　ツッコミを通して教材の「よさや特徴」を自分なりにつかんで授業に生かせば、子どもの心とふれ合うことができ、結果として道徳科の目標や内容項目に沿った授業になると私は考えています。

　では、私はどのようにして教材の「よさや特徴」をつかんでいるのか、教材「くずれ落ちたダンボール箱」を取り上げながら紹介したいと思います（『道徳教育』誌2020年9月号、No.747、明治図書出版に寄稿した原稿に手に入れたものとなります）。

「くずれ落ちたダンボール箱」のあらすじ

おばあさんの連れた男の子が段ボール箱を落とす。「わたし」と友子は、困っているおばあさんを見て、代わりに片づける。しかし、2人が落としたと店の人に誤解され、叱られる。むしゃくしゃした気持ちで片づけ、おばあさんにお礼の言葉を言われるが、2人はその場を立ち去る。後日、学校に店員から謝罪と感謝の手紙が届き、紹介され、嬉しい気持ちになる。

・なぜ、周りの人は見ぬふりをするの!?
・なぜ、2人は段ボールを片づけるの!?
・なぜ、店員に叱られても段ボールを片づけるのをやめないの!?
・なぜ、誤解されているのに、言い返さないの!?
・なぜ、おばあさんに店員さんに叱られたことを伝えないの!?

こうしたツッコミを踏まえ、本教材において外せないと私が考えたポイントは以下のとおりです。

> ●親切の対象が、はじめて会ったおばあさんと自分勝手な幼児。
> ●叱られる前と後の思いの比較。
> ●おばあさんにお礼を言われ、立ち去る２人の複雑な気持ち。
> ●「もし手紙が届かなかった」と仮定したら、どうなるか。

ツッコミによって、どのように教材の「よさや特徴」に気づけているかをうまくイメージできていない方のほうが多いかもしれません。それもそのはず。この段階ではまだ、自分の感覚に頼っていたからです（掲載してもらった雑誌原稿を読んでくれた読者の一人から、『ツッコミと言われてもよくわからない』とツッコミをいただいたことがあります）。

そこで私は、どのように教材を読めば教材の何に引っかかり、ツッコミを入れながら、教材の「よさや特徴」、子どもに問いたくなる「問題」を見いだしていけるかについて、自分なりの考え方・手法を言語化することにしました。

これらの言語化に当たっては、先人たちの知恵を借りました。ついては、私の考え方・手法を取り上げる前に、先人たちの主な理論と参考図書を挙げておきたいと思います。

[資料活用類型論]
青木孝頼先生（元文部省初等中等局教科書調査官、同主任視学官）
[参考図書] 青木孝頼著『道徳授業の基本構想』文渓堂、1995年

[発問の立ち位置・四区分]
永田繁雄先生（東京学芸大学教授、元文部科学省教科調査官）
[参考図書] 永田繁雄著『多面的・多角的思考を促す 道徳教材発問大全集』、明治図書出版、2024年

[視点移動の４つの軸]
押谷由夫先生（武庫川女子大学教授、元文部省初等中等局教科書調査官）

資料1 教材吟味の構造

時系列的（分割的）な吟味	ストーリーの場面分けを重視して全体的な流れを把握する方法。主として、教材全体の流れなどをとらえる。
構造的（全体的）な吟味	人間関係、価値内容の関係を浮き彫りにすることを重視した方法。主として、教材のもつ意味などを教師の視点でおさえる。
子どもの視点に立つ吟味	学習する子どもの受け止め、疑問やこだわりを描く方法。主として、子どもの視点に立って学習テーマを発想する。

［出典］永田繁雄「教材の『醍醐味』を子どもの立場で『吟味』する」『道徳教育』誌、2019年9月号、明治図書出版、2019年

［参考図書］押谷由夫「対象軸、時間軸、条件軸、本質軸の視点移動スキルを磨く」『道徳教育』誌、2018年8月号、明治図書出版、2018年

［道徳授業のねらいに基づく8類型］
吉田誠先生（山形大学教授）と木原一彰先生（鳥取県の公立学校エキスパート教員）

［参考図書］吉田誠、木原一彰著『道徳科初めての授業づくり　ねらいの8類型による分析と探究』大学教育出版、2018年

なかでも「教材を吟味する」という点においては、永田先生の考えを参考としています。具体的には、「時系列的（分割的）な吟味」「構造的（全体的）な吟味」「子どもの視点に立つ吟味」（**資料1**）の3つで、留意事項として次の点が挙げられています。

- 教材を時系列的に吟味（分析）したり、構造的吟味の視点を含めたりしつつも、それに終わらないように努める。
- 子どもはこの教材をどう味わい、どんな問題意識をもち、どう向き合うかを、学習する子どもの視点で吟味し、子どもにとっての教材のよさ、魅力、醍醐味を浮き彫りにすることを重視する。

このようにして生まれた教材吟味の視点が、本章で紹介する「Qの仕掛け」です。「Qの仕掛け」で教材を読むことで、教材の「よさや特徴」をとらえることができます。

「Qの仕掛け」で教材を読む

▷「Qの仕掛け」とは？

　私が試行錯誤してきたツッコミ教材研究は、自分の読みたい物語を好きなように読むような感覚で教材を読み、一読者として率直に感じたこと（ツッコミ）をもとにして、教材のもつ「よさや特徴」をイメージするというものです。

　この「よさや特徴」は、学習指導要領や教科書作成者の意図に基づくものというよりも、自分の感性・感覚を優先したものであり、その中には自分が感じた「？」や「！」、子どもに問いかけたい「？」や子どもに感じてもらいたい「！」が含まれるものです。

　そして、このツッコミの視点を整理したのが「Qの仕掛け」です。逆にいえば、「Qの仕掛け」に基づきながら教材を読めば、教材の「よさや特徴」を生かした「テーマ」と「問題」を発見できるようになるということです。つまり教材を吟味するときの視点となるのが「Qの仕掛け」です（この「Qの仕掛け」には9つの視点がありますが、クエスチョンを表す「Q」にかけた造語です）。

　どの教科書教材も、「Qの仕掛け」を紐づけて読むことができるのですが、一対一の関係であることは少なく、1つの教材に対して複数の「Qの仕掛け」を紐づけることができます。そのため、「Qの仕掛け」の

「Qの仕掛け」で教材を読み、「問題」をつくる 第2章

資料2 「Qの仕掛け」と発問例

Qの仕掛け	発問例
①人物の行動や教材全体で価値を伝える	・このお話or登場人物の［道徳的価値］はどんなところだろう？ ・なぜ、このお話or登場人物を［道徳的価値］だと感じるのだろう？ ・このお話or登場人物から、どんなことが学べるのだろう？
②印象深い題名・キーワード	・○○って、どういうこと？ ・登場人物のどこが○○？
③人物の気持ちや行動の変化	・どうして変わったの？ ・前と後では何が違う？ ・どんなことに気がついたの？
④対照的な考え方の比較	・○○と◇◇には、どんな違いがある？　何が違うのか？ ・似ているところと違うところは、どんなことか？
⑤書かれていない思いや考え	・登場人物は、どう思っただろう？ ・登場人物は、何を考えているだろう？
⑥普通はできない・そうならない	・なぜ、○○したの？ ・どのような思いで、○○したの？ ・どこまでは、○○してよかったの？ ・○○したことをどう思う？
⑦葛藤や考え方の対立	・どちらのほうが［道徳的価値］があるのだろう？ ・なぜ、迷ってしまうのだろう？ ・もし、自分が登場人物だったら、どうするだろう？
⑧書かれていない行動とこれから	・これからどうしたと思う？ ・自分だったらどうする？ ・何を話したの？ ・どのようにしたの？
⑨「もしも…」	・もしも、○○だったら？

　視点ごとに「問題」を発見しておけば、授業を行う際に、子どもの発想・発言に応じて柔軟に展開できるようになります。発問例を併せて**資料2**を見てもらえれば、およそそれがどのようなものかイメージできると思います。

　では、具体的に「Qの仕掛け」の中身について見てみましょう。

Qの仕掛け① ～問題をつくる～

人物の行動や教材全体で価値を伝える

　偉人の人生に触れることを通して、「人としての生き方」について学ぶ教材がたくさんあります。こうしたタイプの教材の場合、私は以下の「？」が思い浮かびます（ツッコミたくなります）。

○○（偉人）、すごすぎでしょ!!
なんか、いい話だなぁ！

　こんなツッコミをしたくなる視点となるのが、「Qの仕掛け」の「①人物の行動や教材全体で価値を伝える」です。私は次のように「問い」を見いだしています。

- ●このお話or登場人物の［道徳的価値］はどんなところだろう？
- ●なぜ、このお話or登場人物の言動を［道徳的価値］だと感じるのだろう？
- ●このお話or登場人物から、どんなことが学べるだろう？

「ぐみの木と小鳥」　低学年「親切、思いやり」

　本教材は、ぐみの木の実を食べにきた小鳥が、最近姿を見せないりすのことを聞き、ぐみの木の代わりに嵐の中でもりすの見舞いに行くとい

うお話です。

　ぐみの木は、おなかをすかせた「小鳥」に、実をあげます。ぐみの木は病気のりすを心配していることを聞いて、小鳥はぐみの実を持って様子を見に行きます。

　そして、嵐の日。「小鳥」はじっと考えた末、力を振り絞ってりすにぐみの実を届けに行きます。ぐみの木から小鳥、ぐみの木からりす、小鳥からりすと三者の中で親切な行為や思いやりの心がつながる姿が描かれています。

　このお話を読んで、次の「問題」を思いつきました。ぐみの木と小鳥の行動と三者の関係について考えることを通して「親切や思いやり」について子どもたちが対話できるのではないかと考えたのです。

[問題] このお話には、どんな親切があったのだろう？

「マザー・テレサ」　高学年 「勤労、公共の精神」

　本教材は、マザー・テレサがボランティアで、貧しい人々に勉強を教えたり、路上で生活する人や孤児の世話をしたりし、ノーベル平和賞を受賞した姿が描かれています。

　この教材の「内容項目」は、「勤労、公共の精神」ですが、「親切、思いやり」や「公正、公平、社会正義」など、複数の価値を含んでいるように感じました。そこで、「内容項目」を一つに限定せず、広い視野から対話できると思い、次の「問題」を考えています。

[問題] マザー・テレサがしていたことやその思いから、どんなことを学べるだろう？

Qの仕掛け② ～問題をつくる～

印象深い題名・キーワード

　題名に引っかかる言葉が使われている教材や、教材の文章中に日常生活ではあまり使わないフレーズを用いているような教材があります。こうしたタイプの教材の場合、私は以下の「？」が思い浮かびます（ツッコミたくなります）。

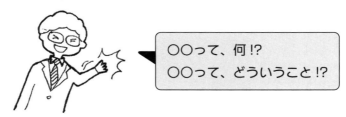

○○って、何⁉
○○って、どういうこと⁉

　こんなツッコミをしたくなる視点となるのが、「Qの仕掛け」の「②印象深い題名・キーワード」です。私は次のように「問い」を見いだしています。

●○○って、どういうこと？
●登場人物のどこが○○？

「ハムスターの赤ちゃん」　低学年「生命の尊さ」

　本教材は、ハムスターの誕生や成長の様子に対する主人公の思いや願いが表現されています。教材の終わりには、「小さいからだにどんな力がつまっているのかな」という文があります。この文について、作者で

ある和井内良樹先生は、以下のように書いています。

　小さい体の中に、生命の力がいっぱいみなぎっているイメージをもたせようと、「小さいからだに、どんな力がつまっているのかな」の表現は、押谷由夫先生にご指導いただいたことを覚えています。

『『自作資料』の活用〜教師の願いを込める』(『道徳教育』誌 2003年10月号、明治図書出版)

　つまり、教材の作者も印象づけるためにあえてこのフレーズを用いていると公言しています。当たり前すぎて見過ごしがちな「生きている証」を実感し、自分の生命そのもののかけがえのなさについて考えられるのではないかと思い、次の「問題」を考えています。

[問題] 小さいからだに、どんな力がつまっているのだろう？

「わたしはひろがる」　高学年「よりよく生きる喜び」

　本教材は、岸武雄さんの詩です。「わたしが世界のすべて」と考えていた「わたし」が、さまざまな経験を経て、弟、お母さん、友達、遠くの国々の人々が「わたしの中に入ってきた」と書いています。「わたしはひろがる　ひろがる」と、自分が広がっていくことを実感するとともに、今後の広がりを期待

して、詩が締めくくられます。題名や詩の中にある「わたしはひろがる」という表現が気になります。

　本教材を読んで、人が自分の弱さを乗り越え、よりよく生きようとする姿から、人間の強さや気高さ、生きる喜びについて対話できるのではないかと思い、次の「問題」を考えています。

[問題] (「わたしはひろがる」といっているけれど) どのようにして人は、広がっていくのだろう？

Qの仕掛け③　〜問題をつくる〜

人物の気持ちや行動の変化

　挨拶ができなかった子が先生に褒められたことをきっかけに挨拶をしてみようと思ったり、正直に言おうか迷っていた子が勇気を出して言えたりと、さまざまな出来事によって登場人物の気持ちや行動が変容する教材があります。こうしたタイプの教材の場合、私は以下の「？」が思い浮かびます（ツッコミたくなります）。

なんで、変わったの？
登場人物、偉すぎる!!
人って、そんなにすぐに変わるかな!?

　こんなツッコミをしたくなる視点となるのが、「Qの仕掛け」の「③人物の気持ちや行動の変化」です。私は次のように「問い」を見いだしています。

- ●どうして変わったの？
- ●前と後では何が違う？
- ●どんなことに気がついたの？

「くりのみ」　低学年　「親切、思いやり」

　本教材には、心のありようが大きく変化するきつねが登場します。冬

に食べ物を探しに出たきつねは、た
くさん食べ物を見つけますが、うさ
ぎには、「何もなかった」とウソを
つきます。するとうさぎは、自分が
見つけた２つの栗の実のうち、１つ
をくれ、きつねは涙をこぼします。

　キツネの心の変容を考えることを通して「自分だったら、今後どうしていくか」と考え、対話できるのではないかと思い、次の「問題」を考えています。

[問題]（ウソをついたきつねと涙を流したきつねは、同じきつね）きつねの何が変わったのだろう？

「うれしく思えた日から」　中学年「個性の伸長」

　本教材では、しょうという男の子が登場します。自分にはいいところがないと考えていたしょうでしたが、体育でソフトボール投げをしたらよい記録が出て褒められます。その後、野球のチームにも入り、一生懸命に練習します。１年後には逆上がりもできるようなり、徒競走のタイムも上がります。ソフトボール投げをきっかけにしてよいところを伸ばし、さらに大きな夢を描くようになります。

　一つ一つの出来事を通して、しょうが自分の個性と向き合い、自分の長所を伸ばしていく様子を通して、自分にはどんな長所があるのかについて考え、クラスメイトとの対話を通して考えをより深めていけるのではないかと思い、次の「問題」を考えています。

[問題] どうして、しょうはこんなにも変われたのだろう？

Qの仕掛け④ 〜問題をつくる〜

対照的な考え方の比較

　ひとつの教材の中に、姿や考えのまったく異なる登場人物が出てきたり、対照的な考え方が提示されたりする教材があります。こうしたタイプの教材の場合、私は以下の「？」が思い浮かびます（ツッコミたくなります）。

なんで、都合よく、意見の違う人がいるの!?
この教材、比較させようとしているな！

　こんなツッコミをしたくなる視点となるのが、「Qの仕掛け」の「④対照的な考え方の比較」です。私は次のように「問い」を見いだしています。

- ○○と◇◇には、どんな違いがある？　何が違うのか？
- 似ているところと違うところは、どんなことか？

「金のおの」　低学年　「正直、誠実」

　本教材には、池に斧を落とし、「正直に答えたことで金の斧をもらえた木こり」と、その話を聞き「ウソを言って金色の斧をもらおうとした木こり」が登場します。

このお話を通して、誰の心にもある「うそを言ったりごまかしたりしたい気持ち」と、「正直でありたいと思う気持ち」があることに気づき、それら比較しながら自分はどうありたいかについて対話できるのではないかと思い、次の「問題」を考えています。

> [問題] 金の斧をもらえた木こりともらえなかった木こりは、何が違ったのだろう？

「ブラッドレーのせいきゅう書」　中学年　「家族愛、家庭生活の充実」

本教材には、二つの請求書が登場します。ブラッドレーは、朝食のテーブルのお母さんの皿に請求書を載せます。ブラットレーの請求書には「おつかいちん１ドル…」と書かれています。お母さんは、ブラッドレーの皿の上に１ドルを載せ、それ

と一緒にお母さんも請求書を載せます。お母さんの請求書には「親切にしてあげた代：０ドル…」と書かれています。お母さんの請求書を読んだブラッドレーは涙を浮かべてお金を返します。

家族に対するブラッドレーとお母さんの考え方や接し方の双方を考えることで、家族の一員であるということはどういうことか、どうすれば楽しい家庭になるかなどについて対話が弾むと思い、次の「問題」を設定しています。

> [問題] ブラッドレーの請求書とお母さんの請求書とは、何が違うのだろう？

Qの仕掛け⑤ 〜問題をつくる〜

書かれていない思いや考え

　ほとんどの教材には、登場人物の会話や行動が描かれていますが、登場人物が考えたことや気持ちについては直接的に書かれていません。これは、子どもたちが想像力を発揮し、自由な発想で考えたりクラスメイトと対話したりすることが意図されています。こうしたタイプの教材の場合、私は以下の「？」が思い浮かびます（ツッコミたくなります）。

何を考えているの!?
自分だったら、どんな気持ちになるかな!?

　こんなツッコミをしたくなる視点となるのが、「Qの仕掛け」の「⑤書かれていない思いや考え」です。私は次のように「問い」を見いだしています。

- ●登場人物は、どう思ったのだろう？
- ●登場人物は、何を考えているのだろう？

「ぴよちゃんとひまわり」 低学年 「生命の尊さ」

　本教材では、ぴよちゃんはひまわりの種を食べようとしますが、種に声を掛けられ、食べないで大切に育てることにします。種、芽、つぼ

み、花と生長し、やがて、そのひまわりは、枯れてしまいます。翌年、枯れた花から落ちた種が花となりたくさんの花を咲かせます。

　種から、芽、つぼみ、花、枯れる、翌年のたくさんの花。そのときどき、ぴよちゃんは命についてどんなことを思っていたのかについて考えたいですが、場面ごとに発問すると一問一答になります。そこで、場面ごとではなく、ぴよちゃんが命について考えたことを丸ごと子どもに投げかけます。そうすることで、自分の生のかけがえのなさや、生のつながりの不思議さや雄大さについて考えてくれるのではないかと思い、次の「問題」を設定しています。

[問題] ぴよちゃんは、いのちについてどんなことを考えたのだろう？

「貝がら」　中学年「友情、信頼」

　話し方を馬鹿にされ、口を閉ざしてしまった転校生の中山君はある日、「ぼく」に転校前に住んでいた場所を描いた絵の話をします。そのとき、中山君のなまりに気がつき、口を閉ざした理由がわかります。中山君は貝がらを「ぼく」にくれます。「ぼく」は、もらった貝がらを見ながら、中山君ともっと話がしたくなるというところで物語は終わります。

　本教材では、中山君が貝がらをくれたときの気持ちや、「ぼく」が貝がらを見ながらどんなことを思っていたかについては書かれていません。そうした二人のやりとりを通して、友達になるとはどういうことか、相手のことを思うとはどういうことかについて深く考えると思い、次の「問題」を考えています。

[問題] 中山君はどんな思いで、貝がらをくれたのかな？　その貝殻を見て、「ぼく」はどんなことを思ったかな？

Qの仕掛け⑥ 〜問題をつくる〜

普通はできない・そうならない

よほど道徳的でないとできない行いや、そこまでひどいことは普通しないよねと首をかしげるような行いが描かれる教材もあります。また、当時の時代性が色濃い教材もあります。こうしたタイプの教材の場合、私は以下の「？」が思い浮かびます（ツッコミたくなります）。

普通、そんなことしないって！
普通、できないって！
そんなことある？

こんなツッコミをしたくなる視点となるのが、「Qの仕掛け」の「⑥普通はできない・そうならない」です。私は次のように「問い」を見いだしています。

- なぜ、○○したの？
- どのような思いで、○○したの？
- ○○したことを、どう思う？
- どこまでは、○○してよかったの？

「金色の魚」　中学年　「節度、節制」

本教材は、海で釣り上げた黄金の魚から「どんな願いでもかなえるから助けてほしい」と言われたおじいさんが何も望まずに魚を助けます。話を聞いたおばあさんはおじいさんに魚に願いを叶えてもらうように言

い、願いを叶えてもらいます。すると、おばあさんの願いはエスカレートしていき、あきれた魚は願いを叶えるのをやめ、おばあさんの暮らしは元に戻ります。

本教材を扱うと、「このおばあさんはわがままだ」と感じる子がほとんどです。それはおそらく、子どもたちは内心"本当は自分だっていろんな願いを叶えてほしいけど、我慢しているんだ。それなのに、このおばあさんはずるい"などと心がザワザワするのだろうと思います。

子どものころには目に映るすべてが物珍しく、いろいろなものがほしくなります。ほしいと思う気持ちをもつことは、自然なことです。しかし、度が過ぎれば教材のおばあさんのようになります。そこで、どこまでだったら自分の我を通してもよいのかについて考えてほしくて、次の「問題」にしています。

[問題] おばあさんの願いのどこからが、わがままだと思う？

「銀のしょく台」 高学年 「相互理解、寛容」

19年間の刑期を終え、泊まる所も食べるものもなく困るジャン・バルジャン。ミリエル司教はジャンを自分の教会に招き入れます。しかし、ジャンは司教の大切な銀の食器を盗み、逃げ出してしまいます。次の日、ジャンを捕えた兵隊に対し、司教は「ジャンにあげたものだ」と言います。

本教材に対して違和感を覚える子どもは少なくありません。（自分だけでなく周囲の人たちの顔を思い浮かべても）ミリエル司教のように寛容になれるものではないことを知っているからです。そうであるからこそ、「自分自身の心」と向き合い、どこまでだったら自分にもできそうかを考える機会になると思い、次の「問題」を考えています。

[問題] ミリエル司教はどんな思いでジャンを許したの？

Qの仕掛け⑦ 〜問題をつくる〜

葛藤や考え方の対立

　登場人物いずれの行動や考えにも一理あることから「どうすればよかったのか」判断がつかずに葛藤する教材、人によって考え方の違いが生まれる教材があります。こうしたタイプの教材の場合、私は以下の「？」が思い浮かびます（ツッコミたくなります）。

自分だったら、どうする⁉
どっちがいいの⁉
なぜ迷ってしまうんだ⁉

　こんなツッコミをしたくなる視点となるのが、「Qの仕掛け」の「⑦葛藤や考え方の対立」です。私は次のように「問い」を見いだしています。

- どちらのほうが［道徳的価値］があるのだろう？
- なぜ、迷ってしまうのだろう？
- もし、自分が登場人物だったら、どうするだろう？

「正直五十円分」　中学年　「正直、誠実」

　本教材では、いつも行くお店で兄弟が買い物をします。すると、おつりが50円多いことに気づくのですが、そのお金を財布に入れてしまい

ます。その後、思い悩んだ末、最後にはお金を返しに行きます。

こうした葛藤は、子どものみならず、大人になってもついてまわるものです。「間違えたのは相手なのだから返さなくてもいい」「返さないままだと心が苦しい」など、多様な考えや思いが生まれる「問い」であるがゆえの対話を期待し、次の「問題」を考えています。

[問題] なぜ、たけしは迷ってしまったのだろう？

「手品師」 高学年 「正直、誠実」

　大ステージを夢見る、貧しい手品師がいます。ある日、小さな男の子に手品を見せ、明日も見せる約束をしたものの、その夜に「大劇場で手品を行える者を探している」という連絡を受けます。これは、手品師のキャ

リアにとって大きなチャンス。しかし、悩んだ末に申し出を断り、翌日、約束どおり男の子の前に現れ、手品を演じるという話です。

　この手品師の選択は本当のところはどうだったのか、男の子との約束を守ったという点では正しいと言えるものの、成功への足がかりを棒に振ってしまった点ではよいとはいえないかもしれません。このような点に着目し、「大劇場で手品をする」「子どもの前で手品をする」「その他」の選択肢を設けて話し合うことを通して、子どもたちが多面的・多角的に考えてくれると思い、次の「問題」を考えています。

[問題] 大劇場で手品をするのと、子どもの前で手品をするのとでは、どちらが誠実なのだろう？

Qの仕掛け⑧ ～問題をつくる～

書かれていない行動とこれから

　どんな物語（教材）にも必ず終わりがありますが、終わり方はさまざまです。なかには、「え？そこで終わり？」と思わせる教材もあります。言わば読み手がモヤモヤを覚える教材です。ほかにも物語の核心部分の具体がわからないままの教材もあります。こうしたタイプの教材の場合、私は以下の「？」が思い浮かびます（ツッコミたくなります）。

この後、いったいどうなったの!?
何を!?　どのように!?

　こんなツッコミをしたくなる視点となるのが、「Qの仕掛け」の「⑧書かれていない行動とこれから」です。私は次のように「問い」を見いだしています。

- これからどうしたと思う？
- 自分だったらどうする？
- 何を話したの？
- どのようにしたの？

「黄色いベンチ」　低学年 「規則の尊重」

　たかしとてつおは、雨上がりの公園でベンチの上に乗り、紙飛行機を飛ばして黄色いベンチを泥だらけにしてしまいます。そうとは知らずに女

の子が座り、スカートが汚れてしまいます。その様子を見たたかしとてつおは「はっ」と顔を見合わせるのですが、お話はそこで終わり。その先のことについては一切触れられていません。

公園のベンチは、みんなで使う公共物です。わざと汚したわけではありませんが、汚してしまったのも、そのために女の子のスカートが汚れてしまったのも事実。こうした状況下で、自分たちだけで考え、適切な行動を選択するのは大人でもむずかしいと言えます。こうした点について、幅広く考えることができると思い、次の「問題」を考えています。

[問題] たかしとてつおは、この後どうしたのだろう？

「ブランコ乗りとピエロ」 高学年 「相互理解、寛容」

サーカス団の中で自己中心的だと思っていたブランコ乗りのサムが、実は努力家だったことを知った団長のピエロは、サムに声をかけます。その後2人で語り合い、最終日も大成功で幕を閉じます。

本教材では、作中2人が控室で、夜更けまでどんな話をしたかについては触れられていません。その場で、どのような対話がされたのかを想像することが、これまでの経緯やすれ違いについて思いを馳せることにつながると思い、次の「問題」を考えています。

[問題] ピエロとサムは、夜更けまでどんな話をしたのだろう？

Qの仕掛け⑨ 〜問題をつくる〜

「もしも…」

　現実では起こり得ないようなシチュエーションのもとで物語が展開し、ハッピーエンド（あるいは、バッドエンド）になる教材があります。こうしたタイプの教材の場合、私は以下の「？」が思い浮かびます（ツッコミたくなります）。

本当に⁉ こんなこと、現実にありえる⁉
もしも、○○だったら、どうだったの？

　こんなツッコミをしたくなる視点となるのが、「Qの仕掛け」の「⑨『もしも…』」です。私は次のように「問い」を見いだしています。

● もしも、○○だったら？

「友達のしょうこ」　中学年　「善悪の判断、自律、自由と責任」

　まゆみは、さち子にかけられた言葉で、おそろいの筆箱が欲しくなります。しかし、新しい筆箱を買ってもらったばかり。父親から、本当に今その筆箱が必要なのかと問われます。まゆみは考えた際に、翌日さち子に筆箱は買わないことを伝え、さち子も納得してくれます。
　物語としては、筋が通ったわかりやすいストーリーですが、疑問が残

る点もあります。それは、父親から諭されたとはいえ、「友達としての証拠」(筆箱)をそんな簡単にあきらめられるものなのか、さち子のほうも本当に納得できたのか…。

こうした疑問から、「もしも…」ではじまる「問題」を考えています。

[問題] もしも「筆箱は友達の証拠だからおそろいにしようね!」などと、さち子から強く念押しされていたとしたら、まゆみはどうしていただろう?

「森の絵」 高学年 「よりよい学校生活、集団生活の充実」

学芸会で自分がなりたい役になれずに道具係になってしまったえり子。すっかりやる気がなくなってしまうのですが、刺繍係になった文男からの「誰かがやらないと劇にならない」という言葉に心を動かされ、道具係として参加し、みんなで劇を完成させます。

このようにハッピーエンドの物語ですが、もし、文男から言葉をかけてもらっていなかったとしたら、それでもえり子は道具係として積極的に関われていたでしょうか。あるいは、自分がなりたい役になれていたとしたらどうでしょう。

物語には存在しない「もしも…」を設定することで、「もしも自分だったら…」と自分に置き換えて考えられると思い、次の「問題」を考えています。

[問題] もしも、えり子がなりたい役にもなれたとしたら、道具係として劇に参加するのと、どちらのほうがよかったのだろう?

「Qの仕掛け」を生かして、教材「ヒキガエルとロバ」を読み解く

▶教材に紐づけられる「Qの仕掛け」を見つける!

　ここまで9つの「Qの仕掛け」を紹介してきましたが、実際に「Qの仕掛け」に基づいて教材を読むと、紐づけられる「Qの仕掛け」は1つだけではないことに気づきます。
　そこで本章の最後として、教材「ヒキガエルとロバ」に基づいて考えてみます。

> **「ヒキガエルとロバ」**（中学年「生命の尊さ」）のあらすじ
>
> 学校の帰りにヒキガエルを見つけたアドルフたちは、石を当ててやろうとしていたところへ、農夫に鞭で叩かれながら荷車を引く年老いたロバがやって来る。アドルフはたちは、ヒキガエルが荷車にひかれるのをおもしろがって見ようとするが、足下にいる傷ついたヒキガエルに気がついたロバは、渾身の力を振り絞り、ヒキガエルを避けて通り過ぎる。その様子を見たアドルフの手から石が滑り落ちる。

　「Qの仕掛け」に基づいて本教材を読み、教材の「よさや特徴」を生かした「問題」としてまとめたのが、次頁の**資料3**です。
　私は、本教材に紐づく「Qの仕掛け」を③④⑤⑥⑧の5点としています。

資料3 「Qの仕掛け」と発問例

Qの仕掛け	教材のよさや特徴	○問い・発問
①人物の行動や教材全体で価値を伝える		
②印象深い題名・キーワード		
③人物の気持ちや行動の変化	・石を投げていたアドルフたちが、ロバの姿を見て、石を落とした。	○アドルフたちは、どう変わった？
④対照的な考え方の比較	・石を投げるアドルフたちとヒキガエルを避けたロバ。	○アドルフたちとロバは、どう違うの？
⑤書かれていない思いや考え	・アドルフは、ヒキガエルに石を投げる。 ・農夫は年を取ったロバをこき使う。 ・アドルフは何も言わず、ヒキガエルとロバをながめた。	○アドルフはどんなことを思っていた？ ○農夫はどう思っていた？ ○ずっとながめていたとき、アドルフたちは何を考えていた？
⑥普通はできない・そうならない	・重い荷物を運ぶ年をとったロバが渾身の力で、ヒキガエルを避けた。 ・アドルフの手から石が静かにすべり落ちた。	○なぜロバは、（辛いはずなのに）そこまでして助けたの？ ○なぜ、アドルフたちは石を落としたの？
⑦葛藤や考え方の対立		
⑧書かれていない行動やこれから	・アドルフは何も言わず、ヒキガエルとロバをながめたところで教材が終わる。	○アドルフたちは、今後どうなっただろう？
⑨「もしも…」		

▶「Qの仕掛け」を生かして柔軟な授業をつくる

　ここでは、「Qの仕掛け」を生かした授業パターンを3つ紹介します。教材研究の段階で「Qの仕掛け」によって、多様な問い・発問が思い浮かんでいれば、授業中の子どもの思考によって、授業を柔軟に展開することができます。

1　授業パターンA

　授業パターンAは、「④対照的な考え方の比較」（Qの仕掛け）に軸足を置いたもので、「テーマ」「問題」「目標」は**資料4**のとおりです（このうち、「テーマ」のつくり方については、次章で詳述します）。

　教材範読後、心に残ったことや疑問などの感想を聞くと、アドルフたちの行いに対しては「許せない！」や「ひどすぎる！」といった声があがり、ロバに対しては「やさしい」「えらい」といった声があがりました。

　この対照的な考えを比較できるようにする「問題」にしています。

資料4　授業パターンAのイメージ

［テーマ］「命は同じ」って、どういうこと？
［問題］アドルフたちと、ロバにはどんな違いがあるのだろう？
［目標］アドルフたちとロバの違いについて話し合い、「命は同じ」とはどういうことかを考えることを通して、唯一無二である生命を大切にしようとする道徳的判断力を育む。

「Qの仕掛け」で教材を読み、「問題」をつくる　第2章

2　授業パターンB

　授業パターンBは、「⑤書かれていない思いや考え」（Qの仕掛け）に軸足を置いたもので、「テーマ」「問題」「目標」は**資料5**のとおりです。

　教材範読後、心に残ったことや疑問などについて聞くと、アドルフたちだけでなく、荷車でムチを打つ人に対し「カエルを大事にしていない！」や「ロバを大事にしていない！」といった発言がありました。そこで、教材には書かれていない「荷車でムチを打つ人」に着目して考える「問題」にしています。

資料5　授業パターンBのイメージ

[テーマ] どうして、命を大切にできないのだろう？
[問題] 3人（アドルフたち）と荷車の人（農夫）は、どうして命を大切にできないの？
[目標] アドルフたちや農夫が命を大事にできない理由・できないときの気持ちについて話し合い、命を大切にできない理由を考えることを通して、生命を大切にして生きていこうとする道徳的態度を育む。

3　授業パターンC

授業パターンCは、「⑥普通はできない・そうならない」（Qの仕掛け）に軸足を置いたもので、「テーマ」「問題」「目標」は**資料6**のとおりです。

教材範読後、心に残ったことや疑問などについて聞くと、「かえるのためにがんばるロバがステキだと思う」や「ロバが、かえるのことを、友達を見るような優しい目で見たときに助けようと決心したのだと思う」等、ロバへの考えに集中しました。そこで、「普通はできない・そうならない」という視点から考えられる「問題」にしています。

資料6 授業パターンCのイメージ

［テーマ］命を大事にするって、どういうこと？
［問題］なぜ、ロバはかえるをよけたのか？
［目標］ロバがかえるの命を助けた理由について話し合い、命を大事にするとはどういうことかを考えることを通して、生命を大切にして生きていこうとする道徳的実践意欲を育む。

第3章

「5つの視点」と「道徳キーワード」で「テーマ」をつくる

「5つの視点」とは何か

　「テーマ」は、「5つの視点」と「道徳キーワード」を組み合わせてつくります。ここではまず「5つの視点」について取り上げます。
　これは、大阪体育大学の髙宮正貴氏と、共著『道徳的判断力を育む授業づくり』（北大路書房）を執筆する最中、道徳科授業における課題の視点として整理したものです。
　具体的には「①価値の意味、価値の成立条件」「②変容」「③比較」「④価値の理由、効用・目的」「⑤価値判断」の「5つの視点」を「テーマをつくる問い」とセットで示しています（**資料1**）。
　髙宮（2023）は、道徳的判断力の構成要素には「What」「Why」「How」の3つの階層があると述べています。

> 　道徳的判断力とは、道徳的価値の大切さを理解した上で、その価値理解をさまざまな状況に適用する力です。より詳しく言うと、思いやりなどの道徳的価値について、What（意味：思いやりとは何か、成立条件：思いやりを成り立たせるものは何か）と Why（意義：思いやりはなぜ大切か）を理解した上で、さまざまな対象、相手、方法、時などにどのように（How）適用するかを考える力です。道徳授業ではこの3つの層について考えることで、道徳的価値について多面的・多角的に考える思考力を養うことができます。

　「5つの視点」になぞらえると、Whatは「価値の意味、価値の成立条

「5つの視点」と「テーマをつくる問い」

資料1 「5つの視点」と「テーマをつくる問い」

5つの視点		テーマをつくる問い
価値の意味、成立条件	道徳的価値が何を意味するのか、道徳的価値を成り立たせるものは何かを考える視点。	・○○とは、何か？ ・○○とは、どういうもの（こと・意味）か？ ・○○には、何が大事だろう？（必要だろう？） ・○○のための条件とは何か？
変容	考え方をどのように変えるか、どうすれば変わるかを考える視点。	・どうしたら○○できるだろう？ ・どうしたら、○○な人になれるだろう？ ・どうやって○○な自分を変えていくか？
比較	考え方などを比較する視点。	・○○と△△では、何が違うのだろう？ ・○○と△△の似ているところや違うところは、何か？（共通点や差異点は、何か？）
価値の理由、効用・目的	道徳的価値を大切にする理由、効用（メリット・デメリット）、目的を考える視点。	・なぜ、○○は大事なのだろう？ ・○○すると、どんなよいことがあるだろう？ ・○○するのは、何のため？
価値判断	道徳的価値を含む事象に対する選択・判断を考える視点	・○○を、どう大事にしていけばよいだろう？ ・どんな○○を実現していく？ ・○○のために、どうしていく？ ・○○と△△は、どう決めるの？（どう判断すればいいの？） ・○○と△△を、どう大事にしていけばよいのだろう？ ・○○と△△のバランスは、どうしていけばよいのだろう？

件」、Whyは「価値の理由、効用・目的」、Howは「価値判断」に当たります。

さらに「5つの視点」では、What、Why、Howの3つに、「変容」と「比較」の視点を加えています。

「変容」は教材の登場人物の変容を考えることで、自分自身の変容を考えることができるテーマ、「比較」は教材に描かれる考え方の比較によって価値を比較して考えることができるテーマであり、子どもが納得解を得るために欠かせないと考えたことが理由です。

では、「5つの視点」の中身をそれぞれ説明していきましょう。

1　価値の意味、成立条件

「価値の意味」とは、「道徳的価値は何を意味するのか」を考える視点です。例えば、「友情とは何か？」「友情とは、どういうことか？」といった「問い」が関連づきます。

「価値の成立条件」とは、「道徳的価値を成り立たせるものは何か」を考える視点です。例えば、「友情を成り立たせるものは、何か？」「信頼するための条件とは、何か？」といった「問い」が関連づきます。

「テーマをつくる問い」の用例としては、次が挙げられます。

■用例
「○○とは、何か？」
「○○とは、どういうもの（こと・意味）か？」
「○○には、何が大事だろう？（必要だろう？）」
「○○のための条件とは何か？」　など

2　変容

「変容」は、考え方をどのように変えるか、どうすれば変わることができかについて考える視点です。例えば、「どうしたら、友達を大切にできるようになるだろう？」「どうしたら優しい人になれるだろう？」といった「問い」が関連づきます。

「テーマをつくる問い」の用例としては、次が挙げられます。

■用例
「どうしたら○○できるだろう?」
「どうしたら、○○な人になれるだろう?」
「どうやって、○○な自分を変えていくか?」　など

3　比較

「比較」は、考え方などを比較する視点です。例えば、「自由と自分勝手は、何が違うのだろう?」「信用と信頼の似ているところや違うところは何だろう?」といった「問い」が関連づきます。

「テーマをつくる問い」の用例としては、次が挙げられます。

■用例
「○○と△△では、何が違うのだろう?」
「○○と△△の似ているところや違うところは、何だろう?（共通点や差異点は、何だろう?）」　など

4　価値の理由、効用・目的

「価値の理由、効用・目的」は、道徳的価値を大切にする理由、効用、目的を考える視点です。

例えば、「なぜ、友情は大切か?」（理由）、「友情を育むとどんなよいことがあるか?　育まないとどんな悪いことがあるか?」（効用）、「何のために友情を育むのか?」（目的）といった「問い」が関連づきます。

「テーマをつくる問い」の用例としては、次が挙げられます。

■用例
「なぜ、○○は大事なのだろう？」（理由）
「○○すると、どんなよいことがあるだろう？」（効用）
「○○するのは、何のため？」（目的）　など

5　価値判断

「価値判断」は、道徳的価値を含む事象に対する選択・判断を考える視点です。

例えば、「どんな自由を実現していく？」「許せると許せないは、どう決めるの？」といった「問い」が関連づきます。

「テーマをつくる問い」の用例としては、次が挙げられます。

■用例
「○○を、どう大事にしていけばよいだろう？」
「どんな○○を実現していく？」
「○○のために、どうしていく？」
「○○と△△は、どう決めるの？（どう判断すればいいの？）」
「○○と△△を、どう大事にしていけばよいのだろう？」
「○○と△△のバランスは、どうしていけばよいのだろう？」　など

「道徳キーワード」とは何か

　学習指導要領に定める道徳科の「内容」は、以下にあげる４つの視点で構成されています。

> A　主として自分自身に関すること
> B　主として人との関わりに関すること
> C　主として集団や社会との関わりに関すること
> D　主として生命や自然、崇高なものとの関わりに関すること

　この４つの視点ごとに道徳科で扱う内容を「内容項目」として定められています（「第１学年及び第２学年」19項目、「第３学年及び第４学年」20項目、「第５学年及び第６学年」22項目）。

　そして「道徳キーワード」は、この「内容項目」をキーワード化したものです（次頁の**資料２（１～４）**は、視点別の「内容項目キーワード表」）。

　例えば、第５学年及び第６学年の内容項目「思いやり、親切」であれば、「相手」「思いやり」「親切」「誰に対しても」を「道徳キーワード」として設定しています。

　これは、「思いやり、親切」について考えるにしても、「思いやり」について考えるのか、「親切」について考えるのか、「思いやりと親切のつながり」について考えるのかによって授業の意味合いが変わります。そこで、子どもや教材に合わせて「道徳キーワード」を使ったり、組み合わせたりして、テーマをつくります。

資料2-1　道徳キーワード表（A　主として自分自身に関すること）

内容	小学校第1学年及び第2学年	小学校第3学年及び第4学年	小学校第5学年及び第6学年
善悪の判断、自律、自由と責任	・よいこと ・わるいこと ・すがすがしい	・正しいこと　・判断 ・流される　　・自信 ・後ろめたさ ・強さ　　　　・弱さ	・自由　　　　・自律 ・判断 ・責任　　　　・行動 ・自分勝手
正直、誠実	・うそ ・ごまかし ・すなお	・まちがい（あやまち） ・うそ　　　　・ごまかし ・素直　　　　・正直	・誠実 ・明るい心 ・真面目
節度、節制	・けんこう ・あんぜん ・もの　　・わがまま ・きそくただしい生活	・自分で　　　・安全 ・よく考える ・○○しすぎ　・節度	・安全　　　　・生活習慣 ・見直し ・節度　　　　・節制
個性の伸長	・じぶんのとくちょう ・とくいなこと ・にがてなこと	・自分の特徴 ・長所　　　　・短所 ・個性　　　　・自分らしさ	・自分の特徴 ・長所　　　　・短所 ・個性　　　　・自分らしさ
希望と勇気、努力と強い意志	・べんきょう ・しごと ・しっかり	・目標　　　　・あきらめない ・努力　　　　・やりぬく	・目標　　　　・希望 ・勇気 ・困難　　　　・努力 ・やりぬく
真理の探究			・真理　　　　・探究 ・好奇心　　　・工夫 ・見方や考え方 ・創造

資料2-2　道徳キーワード表（B　主として人との関わりに関すること）

内容	小学校第1学年及び第2学年	小学校第3学年及び第4学年	小学校第5学年及び第6学年
親切、思いやり	・あいて ・あたたかい心 ・しんせつ ・やさしさ	・相手 ・思いやり ・親切	・相手 ・思いやり　　・親切 ・誰に対しても
感謝	・おせわ ・ありがとう	・支え ・尊敬 ・感謝	・支え合い　　・助け合い ・尊敬　　　　・感謝 ・善意　　　　・恩
礼儀	・あいさつ ・ことばづかい	・あいさつ ・言葉づかい ・礼儀　　　　・真心	・挨拶　　　　・言葉遣い ・時と場　　　・礼儀 ・作法 ・真心　　　　・文化
友情、信頼	・ともだち ・なかよし ・たすけあい ・なかなおり	・友達 ・お互い ・信頼 ・助け合う	・友達　　　　・友情 ・磨き合う　　・高め合う ・お互い　　　・信頼 ・異性　　　　・人間関係
相互理解、寛容		・自分の考え ・伝える ・ちがい	・自分の考え　・伝える ・謙虚　　　　・広い心 ・異なる考え（意見・立場） ・尊重

資料2-3 道徳キーワード表（C 主として集団や社会との関わりに関すること）

内容	小学校第1学年及び第2学年	小学校第3学年及び第4学年	小学校第5学年及び第6学年
規則の尊重	・やくそく　・きまり ・みんなでつかうもの ・みんなの場所	・約束　・きまり ・ルール ・マナー	・法　・きまり ・ルール ・マナー　・モラル ・（自他の）権利 ・義務
公正、公平、社会正義	・すききらい ・ずるい	・（不）公平 ・（不）平等 ・公正　・差別 ・いじめ	・差別　・偏見 ・いじめ ・（不）公平 ・（不）平等 ・同調圧力　・公正 ・正義
勤労、公共の精神	・はたらく　・しごと ・みんなのため	・働く　・仕事 ・集団　・役割 ・みんなのため	・働く　・勤労 ・奉仕（ボランティア） ・公共　・社会 ・役に立つ
家族愛、家庭生活の充実	・おてつだい ・かぞく ・あい	・家族 ・家庭 ・愛	・家族　・家庭 ・愛情　・敬愛 ・尊敬　・感謝
よりよい学校生活、集団生活の充実	・先生 ・学校ではたらく人 ・学校　・クラス	・先生 ・学校で働く人 ・学校　・クラス ・みんな（仲間）	・先生 ・学校で働く人 ・学校　・クラス ・敬愛 ・チーム　・集団 ・役割
伝統と文化の尊重、国や郷土を愛する態度	・わたしたちの国 ・わたしたちのすむ町（郷土） ・昔から伝わるもの（文化）	・国　・郷土 ・わたしたちのすむ地域 ・伝統　・文化	・国　・郷土 ・伝統　・文化 ・先人
国際理解、国際親善	・せかい（ほかの国）の人 ・せかい（ほかの国）の文化	・世界（他の国）の人々 ・世界（他の国）の文化	・世界（他の国）の人々 ・世界（他の国）の文化 ・国際親善　・グローバル

資料2-4 道徳キーワード表（D 主として生命や自然、崇高なものとの関わりに関すること）

内容	小学校第1学年及び第2学年	小学校第3学年及び第4学年	小学校第5学年及び第6学年
生命の尊さ	・いのち ・生きる	・命　・生命 ・つながり ・死　・生きる	・命　・生命 ・つながり ・死　・生きる
自然愛護	・しぜん ・どうぶつ ・しょくぶつ ・共に生きる	・自然　・環境 ・動物　・植物	・自然　・環境 ・保護　・保全 ・共存 ・持続可能な社会
感動、畏敬の念	・うつくしいもの ・かんどう ・すがすがしい心	・美しいもの ・気高いもの ・感動　・畏敬	・美しいもの　・感動 ・気高いもの　・崇高 ・偉大　・畏敬
よりよく生きる喜び	／	／	・生き方 ・よりよく生きる ・生きる喜び　・誇り ・強さ　・弱さ ・気高さ　・夢

「テーマ」のつくり方

　「テーマ」は、「道徳キーワード」と「5つの視点」(「テーマをつくる問い」とセット）を組み合わせてをつくります（**資料8**）。この双方の組み合わせ次第で、多様なパターンをつくることができます。

　ここでは、次に挙げる「内容項目」を例にしながら、「道徳キーワード」と「5つの視点」を組み合わせることでどのような「テーマ」を設定できるか、いくつかの例を紹介しましょう。

[学年] 小学校第5学年及び第6学年
[内容項目] 希望と勇気、努力と強い意志
　(5) より高い目標を立て、希望と勇気をもち、困難があってもくじけずに努力して物事をやり抜くこと。

資料8

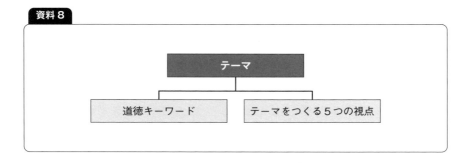

1　テーマ例①

「努力」(道徳キーワード)と、「①価値の意味、成立要件」(5つの視点)で挙げた「問い」(用例)を組み合わせて考えたのが次の「テーマ」です。

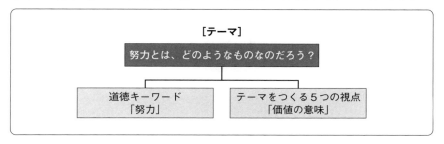

2　テーマ例②

「やりぬく」(道徳キーワード)と、「②変容」(5つの視点)で挙げた「問い」(用例)を組み合わせて考えたのが次の「テーマ」です。

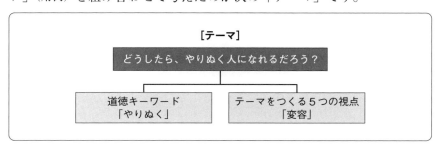

3　テーマ例③

「勇気」(道徳キーワード)と、「③比較」(5つの視点)で挙げた「問い」(用例)を組み合わせて考えたのが次の「テーマ」です。

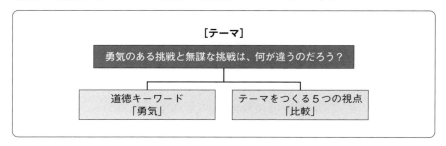

4　テーマ例④

　「目標」(道徳キーワード)と、「④価値の理由、効用・目的」(5つの視点)で挙げた「問い」(用例)を組み合わせて考えたのが次の「テーマ」です。

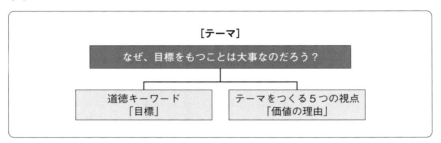

5　テーマ例⑤

　「困難」(道徳キーワード)と、「⑤価値判断」(5つの視点)で挙げた「問い」(用例)を組み合わせて考えたのが次の「テーマ」です。

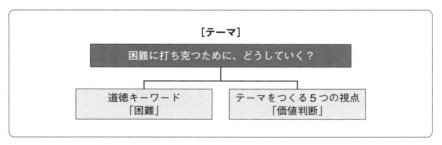

　道徳科授業で最も重視すべきことは、教材ごとに紐づく「内容項目」について深く考え、クラスメイトと思う存分に対話し、自分なりの納得解を得られるようにすることです。それこそが、道徳科の教科目標を実現した姿だと言えます。

　そのため、「5つの視点」のうちのどの視点を選び、「道徳キーワード」のどのキーワードを選んで組み合わせるのかは、「学習指導要領が育成を求める資質・能力」を念頭に入れながらも、「どんな子どもに育ってほしいのか」と「目の前の子どもに必要なのは何なのか(子どもの実態)」や、教材との相性を考えます。

第4章

「?」「!」が飛び交う楽しいテーマ追求学習の実際

「テーマ追求学習」のススメ

▶「テーマ」と「問題」で学習プロセスをつくる

　ここまで「Qの仕掛け」を活用して教材を読み、「テーマ」「問題」を見いだす考え方や方法を取り上げてきました。この2つを端的に説明したのが**資料1**です。

　授業の文脈で言うと、「テーマ」は授業の導入段階で示し、1時間を通して追求していくものとなります（指導案に書く際にも、主題名とテーマを同じ文言にしています）。

　それに対して「問題」は、教材範読後に心に残ったことや疑問に思ったことを出し合って生まれた子どもの問題意識に沿って、教師があらかじめ想定しておいたものと摺り合わせ、重ねながら提示します。

　私は、自分の授業づくりにおいて「中心発問」という言葉を使わないようにしています。「中心発問」は、授業前に教師が準備するもの、必ず問わなければならないものであるかのように感じるからです。

　教材から子どもがどんなことを汲み取るかは、本当にさまざまです。そのため、教師の意図を込めた決め打ちの発問がもし、子どもの抱いた印象や疑問と食い違ってしまえば、教師と子どもとの対話がボタンの掛け違いのようになってしまうことでしょう。

　教材の場面ごとに発問を設定しないのもそのためで、発問は大ぐくり

資料1	
テーマ	1時間の授業を通して追求していく問い。子どもの生活、社会的な課題などから問題意識を高め、道徳科の内容項目に関連づけて設定する。
問題	授業の展開部分で追求していく教材からの問い。教材を読み、心に残ったことや疑問などの感想を交流した後、子どもの問題意識に沿って設定する。

で柔軟なものにしておいたほうがいいと私は考えています。もし、私の想定と子どもの反応との食い違いが大きければ、あらかじめ考えていた発問をしないで、別の発問に切り替えることもあります。そうした切り替えができるよう、「Qの仕掛け」の視点ごとに複数の「問題」をざっくり想定しておくわけです。それくらい柔軟にしておいたほうが、子どものリアルとズレずに済みます。

▶「テーマ追求学習」の主な流れ

「テーマ追求学習」とは、「テーマ」と「問題」でつくる1時間の道徳科授業の学習プロセスを言い、学習者主体の授業をめざすものです。「テーマ追究学習」のイメージを表したのが、**資料2**です。

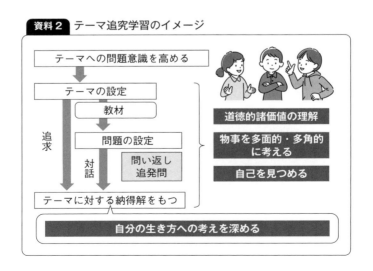

資料2 テーマ追究学習のイメージ

「問題」について考えるに当たって教師は、子どもの追求の過程を大事にし、子どもの反応に寄り添いながら、問い返しをしたり多様に追発問を投げかけたりします。終末では、「テーマ」に沿って考えたことをもとにして、「問題」に対する自分なりの納得解をもてるように促します。

授業のねらいの構成要素

　学習指導案等の授業の「ねらい」には、「テーマ」や「問題」を位置づけて学習活動を明確にし、内容項目に紐づくように学習を展開していけるようにします。整理すると、次のとおりです。

> ①　「問題」について話し合う。
> ②　「テーマ」に正対して考える。
> ③　①と②を通して内容項目に係る道徳性（道徳的心情、道徳的判断力、道徳的実践意欲、道徳的態度）を育む。

　第2章の最後に紹介した「ひきがえるとろば」（授業のパターンA）になぞらえると、以下のようになります。
　①アドルフたちとろばのちがいについて話し合い、②「命は同じ」とはどういうことかを考えることを通して、③唯一無二である生命を大切にしようとする道徳的判断力を育む、といった案配です。

道徳科では何を目指しているか、改めて考えてみる

1　道徳教育と道徳科の目標
　学校教育における「道徳教育」は、「道徳科」を要（かなめ）として学校の教育活動全体を通じて行うものです。学習指導要領に明記されている道徳科の目標は、いずれの文言・表現もスケールが大きく、むずかしく感じます。そこで、イメージしやすいように図にまとめました（**資料3**）。
　道徳教育や道徳科授業では、「よりよく生きるための基盤となる道徳

資料3 道徳科の目標のイメージ

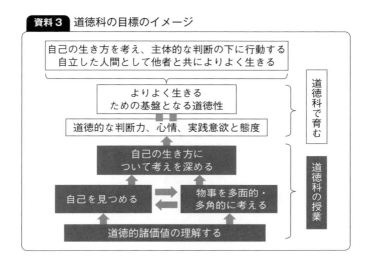

性」を養います。「よりよく生きる」とは、道徳教育の目標に掲げられているとおり、「自己の生き方を考え、主体的な判断の下に行動し、自立した人間として、他者と共によりよく生きること」を言います。

2 「道徳性」とは何？

道徳性は、「道徳的判断力」「道徳的心情」「道徳的実践意欲と態度」の3つの要素（「道徳性の諸様相」と言われます）に分けられます（**資料4**）。

「道徳的判断力」とは、「それぞれの場面において善悪を判断する能力」で、「これはよいこと！　これは悪いこと！　理由は…」などと、善いこと悪いことを判断する力を言います。

「道徳的心情」とは、「道徳的価値の大切さを感じ取り、善を行うことを喜び、悪を憎む感情」で、「よいことができると嬉しい」「悪いことは嫌だ」「悪いことをしてしまうと、心が苦しい」といった気持ちを差します。

「道徳的実践意欲と態度」とは、「道徳的心情や道徳的判断力によって価値があるとされた行動をとろうとすること」で、「こんな生き方がステキ！」「やってみたいな！」「実現したいな！」といった意欲や態度を差します。

資料4 「道徳性」とは何か

```
よりよく生きるための基盤となる道徳性
人間としてよりよく生きようとする人格的特性（≒人格、人間性）
```

道徳的判断力	道徳的心情	道徳的実践意欲と態度
善悪を判断する力	善を喜び悪を憎む感情	道徳的心情や判断力によって価値があるとされた行動をとろうとする姿勢
これが、よいこと！これは、悪いこと！理由は…	よいことができると嬉しい。悪いことは嫌だ。心が苦しい。	こんな生き方がステキ！やってみたいな！実現したいな！

3 目標からイメージする道徳科の授業

　こうした道徳性（「道徳的判断力」「道徳的心情」「道徳的実践意欲と態度」）を育むために、道徳科の授業では、「道徳的諸価値について理解する」「自己を見つめる」「物事を多面的・多角的に考える」「自己の生き方についての考えを深める」の4つの切り口から学びます（**資料5**）。一つ一つ整理していきましょう。

(1) 道徳的諸価値について理解する

　これは、以下に挙げる3つの側面から、道徳的価値の理解を目指すものです。

① 「○○（例：友達）って、大事だな」「これはよいこと、これは悪いこと」と、内容項目を人間としてよりよく生きる上で大切なことであると理解すること（「価値理解」と言います）。

② 「大切だけど、実際はむずかしい」、道徳的価値は大切であってもなかなか実現することができない人間の弱さなども理解すること（「人間理解」と言います）です。

③ 「感じ方、考え方って人それぞれ違うよ」と、道徳的価値を実現したり、実現できなかったりする場合の感じ方、考え方は多様で

資料5　目標からイメージする道徳科の授業

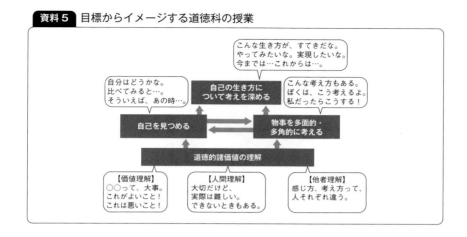

あることを前提として理解すること（「他者理解」と言います）。

(2) 自己を見つめる

　これは、「自分はどうかな」「比べてみると…」「そういえば、あのとき…」などといったように、これまでの自分の経験やそのときの感じ方、考え方と照らし合わせながら、さらに考えを深めることです。

(3) 物事を多面的・多角的に考える

　これは、「こんな考え方もあるよ」「私だったら、こうするな」など、子どもがさまざまな感じ方や考え方に接し、多様な価値観の存在を前提にして、他の人と対話したり協働したりすることです。

(4) 自己の生き方について考えを深める

　これは、「こんな生き方、ステキだな」「今までは…、これからは…」などと、道徳的価値の理解を基にして自己を見つめ、物事や自分の生き方を多面的・多角的に考えを深めることです。これらの学びを促すように、学習活動を設定したり、問いかけたりしながら、子どもたちと授業をつくっていきます。

「テーマ追求学習」の授業イメージ

　ここでは、定番教材である「二わの小鳥」を取り上げながらテーマ追求学習の授業イメージを紹介します。教材のあらすじと「Qの仕掛け」「テーマ」「問題」は**資料6**のとおりです。

1　導入：「テーマ」に沿って話し合う

　導入で「テーマ」（「なかよしって、どういうことなのだろう？」）を示し、自分のなかよしの友達を想起しながら直感的に思いついたことを話し合います。

　子どもたちからは、次のような発言がありました。

「なかよしの子とは、よくしゃべるよ」

「遊ぶと、なかよしになれる」「『お友達になろう』と言って、『うん』って言ったら、なかよし」

　それに対して、次のように問い返し、問題意識を高めていきます。

T　じゃあ、『お友達になろう』って言っていない人は、なかよしじゃないの？

T　もし、お引越しをして、おしゃべりしたり遊んだりしなくなったらなかよしじゃない？

第4章 「?」「!」が飛び交う楽しいテーマ追求学習の実際

資料6

「二わの小鳥」（低学年「親切、思いやり」）
　みそさざいと小鳥たちは、山奥のさびしい場所のやまがらの家での誕生日会に誘われる。それとちょうど同じ日、うぐいすの家では音楽会の練習がある。みそさざいは迷ったが、小鳥たちと一緒にうぐいすの家へ行く。みそさざいは「来てよかった」と思う。しかし、しばらくすると、みそさざいは、やまがらのことが気になり、うぐいすの家をそっと抜け出してやまがらの家へ行く。すると、やまがらは涙を浮かべて喜ぶ。その姿を見て、みそさざいは「来てよかった」と思う。

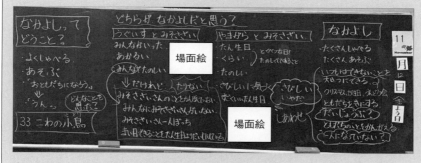

[Qの仕掛け]　④対照的な考え方の比較
[テーマ]　なかよしって、どういうことなのだろう？
[問題]　「うぐいすさんとみそさざい」と「やまがらとみそさざい」では、どちらがなかよしだと思う？

2　展開：教材を読んで感想を話し合い、「問題」を明らかにする

　教材を範読後、心に残ったことや疑問などの感想を尋ねたところ、次のような発言がありました。
　「うぐいすの家か、やまがらの家か迷った。どっちに行けばいいの？」
　「お誕生日だから、やまがらのお家に行ったほうがよいと思う」
　「やまがらが泣いて喜んだ。みそさざいは行ってよかったと思った」
　そこで、次のように尋ねながら、これから考えていくことを焦点化しながら「問題」（「『うぐいすさんとみそさざい』と『やまがらとみそさざい』では、どちらがなかよしだと思う？」）を共有します。

T　どちらの家でも、みそさざいさんは『行ってよかったな』って言っているね。みんなだったら、どちらの家に行くかな？

3　展開：「問題」について話し合う

　「問題」に対して思いついたことをメモしたり、近くの人と話したり、みんなで話し合ったりします。その後、子どもたちからはこんな発言がありました。

　「誕生日は特別な日だから、やまがらの家に行くのがなかよし」
　「うぐいすの家は『みんながなかよし』だけれど、やまがらとは『2人だけ』で楽しめる」
　「途中で、一人で寂しいと気づいたから、やまがらのほうがなかよし」

　そこで子どもそれぞれの考えを共有できるように、子どもの発言の要所要所で次のように問い返したり、さらなる発言を促したりします。

T　もう少し詳しく説明して
T　なんでそう思ったの？
　その後、次のように問うと、子どもたちは次のように考えました。
T　うぐいすの家は、「みんながなかよし」と言った人がいたね。「みんながなかよし」のうぐいすのほうがなかよしなんじゃないの？

　「何か足りない」
　「やまがらのことを考えていない」
　「『みんな』にやまがらが入れていない。仲間外れ」
　「誕生日よりも毎日できることを大事にしている。私は、絶対友達をお祝いする」

　こうした発言を受けて、さらに問い返しながら、子どもたちの考えが個別に深まっていけるように促します。

T　友達のことを考えられるのがなかよしの秘訣なんじゃない？
T　仲間外れがいたら、なかよしじゃない？
T　特別な日を大事にできるのがなかよしなんだ？

資料7　テーマ追求学習の授業イメージ

4　終末：テーマに対する自分なりの納得解をもてるようにする

　終末では、再び「テーマ」（「なかよしって、どういうことなのだろう？」）に戻ります。これは、子ども一人一人が納得解を得られるように、自分たちが考え話し合ったことと「テーマ」を紐づけるためです。

　納得解を得ていく過程で、こんな考えが発言されています。

　「たくさん話すことだと思う。このお話でも、もっと話していたら、最初からやまがらさんの家に行ったと思う」

　「クリスマス会や運動会、誕生日会等、いつもはできないことを一緒にすることでどんどんなかよしになっていく」

　「『大丈夫？』と友達を気にしたり、『一人になっていない？』と友達のことを考えたりしたい」

　「みんながなかよしだったら、幸せなんじゃないかなぁ」

　　　　　　　　　　　　　＊

　次項からは、「Qの仕掛け」ごとに、「テーマ追求学習」の実際を紹介していきます。

Qの仕掛け① ～実践をつくる～　第5・6学年

人物の行動や教材全体で価値を伝える

実践の概要

主題（テーマ）
「よい生き方って、どんな生き方？」
　D　よりよく生きる喜び
　よりよく生きようとする人間の強さや気高さを理解し、人間として生きる喜びを感じること。

道徳キーワード　生き方／よりよく生きる／生きる喜び／誇り／強さ／弱さ／気高さ／夢

教材　小川笙船（私たちの道徳5・6年）

問題　「なぜ、笙船はそこまでしてこの生き方を選んだのか？」

ねらい　小川笙船の生き方を話し合い、よい生き方とはどんな生き方なのかを考えることを通して、強さや気高さをもち、夢や希望など喜びのある生き方をしていこうとする態度を育む。

●主題（テーマ）「よい生き方って、どんな生き方？」

　道徳キーワードの「生き方」と、テーマをつくる「5つの視点」の「価値の意味」を組み合わせ、テーマを「よい生き方って、どんな生き方なのだろう？」としています。

　人は誰しも、弱さをもっていますが、それを乗り越えようとする強さや気高さを併せもってます。そうしたことを理解することを通して、誇りある生き方、夢や希望など喜びのある生き方をしていこうとする道徳性を育む実践です。

教材「小川笙船」

> 小川笙船は、実在の人物で、江戸の町の開業医。笙船は腕のよい医者だが、お金のない貧しい人たちも治療した。江戸の町に溢れる貧しい人の診療のために将軍に上申し、小石川養生所を設立する。若い医者たちの指導にも昼夜を問わず取り組み、多忙を極める生活を自ら選ぶ。

　小川笙船が小石川養生所を設立する偉業が定吉とのエピソードと共に書かれている教材です。

　お金を取らずに貧しい人を治療するだけでも十分にすごいことですが、さらに小石川養生所を設立し、若い医者の指導にも当たります。しかし、多忙を極める生活。笙船はなぜ、そうまでしてそんな生き方を選んだのか。

　ここでは、Qの仕掛け①「人物の行動や教材全体で価値を伝える」を踏まえ、問題を「なぜ、笙船はそこまでしてこの生き方を選んだのか？」としています。

Qの仕掛け表

Qの仕掛け	教材のよさや特徴	○問い・発問
①人物の行動や教材全体で価値を伝える	●小川笙船の強い生き方、気高さ。	○なぜ、笙船はそこまでしてこの生き方を選んだのか？
②印象深い題名・キーワード	─	─
③人物の気持ちや行動の変化	─	─
④対照的な考え方の比較	─	─
⑤書かれていない思いや考え	●笙先が貧しい人を治療する。小石川養生所を設立したり、若い医者を指導したりする。 ●大根のかごを高々と掲げる。	○どんな思いがあったか？ ○どんなことを思っていたか？

⑥普通はできない・そうならない	●多忙を極める生活を自ら選ぶ。	○そこまでするのがよい生き方なのか？ ○なぜ、そこまでするのか？
⑦葛藤や考え方の対立	●多忙を極める生活を自ら選び、小石川養生所を設立したり、若い医者を指導したりする。	○笙先の生き方をどう思うか？
⑧書かれていない行動とこれから	―	―
⑨「もしも…」	―	―

● 実際に行った授業展開

導入
「よい生き方をしているか？」と問い、「している」「していない」「わからない」で挙手を求める。テーマ「よい生き方って、どんな生き方？」に対し、今のイメージを出し合う。

展開①
教材に書かれている笙船の生き方を図式化し、「なぜそこまでできたのか？」という問題意識をもたせる。そして、問題「なぜそこまでして、笙船はこの生き方を選んだのか？」を設定する。

展開②
「自分の生活を犠牲にしていないか？」「医者なのだから治療して稼いで、生きていくので十分ではないか？」と投げかけ、笙船が子の生き方を選んだ思いをさらに考えられるようにする。

終末
「笙船の偉業は、マネできないが、学ぶところはあるはず」と投げかけ、笙船から学ぶことは何かを考える。テーマ「よい生き方って、どんな生き方なのだろう？」について、自分の考えを書くように促す。

「?」「!」が飛び交う楽しいテーマ追求学習の実際 第4章

● 授業の議論・対話と問い返し

導入 Theme
「よい生き方って、どんな生き方?」

T よい生き方ってさ、どんな生き方だと思う?
- 一人一人違うんじゃないですか?
- むずかしい。小学生にこれを聞く?

T 確かに。先生もよく生きていますか?って言われたら、うーむ。むずかしいですね。
- 好きなものを食べられたらよい生き方?
- 人によっては、よい生き方かどうかは違うんだよ。

T みんなはどう? よい生き方しているなって思う人?（半分が挙手）
T いい生き方できてないかもって人は?（半分が挙手）
T 半分半分ですね。いや、ちょっとわからない人?
- やっぱりわからない!（3分の2が挙手）

T わからないという人が多いですね。では、よく生きるってどういうことなのかについて考えていきましょう。今日は江戸時代のお医者さん小川笙船という人のお話です。

※導入から、よい生き方は「人によって違う」といった考えが出ています。このクラスは、わからないことを恥ずかしがらずに表明できる力強さがあります。

095

T 今日のお話を読んで、どんなことを考えましたか？
- 笙船に助けてもらった人は、「お金は心配ない」って言われているのに、お礼をしていた。
- 笙船は、めちゃくちゃ働いているから倒れたりしないかな？
- 笙船は、忙しかったんけど、患者さん一人一人をよく見て、若い医者にも声かけて、すごい。

T 笙船って、医者になるために勉強したよね。医者は病気を治してお金を稼ぐ。でも、お金のない貧しい人まで助けた。しかも、貧しい病人が診療所では受け入れられない数になった。それでも、「もう無理」ってなるんじゃなくて、殿様に報告して小石川養生所を作った。
- なんで、そこまでしたの？

T そうだね。いったいなぜなのだろう。

[問題] なぜそこまでして、笙船はこの生き方を選んだのかな？

- 先生だったら、どうする？

T うーん…。そこまでしなくていいんじゃない？とも思うし、先生には笙船のようにはできないかもしれないなぁ。
- 他の人は、貧しい人を助けない。笙船は、自分なら助けられるって思っていた。
- 自分が死んでからも、医者が減らないようにするために若い医者を育てた。

T 笙船は目の前の貧しい人の病気を治すってことだけじゃなくて、未来を考えていた？
- 「病人がどんどん亡くなってしまう江戸の社会、世の中を変えたい」という思いがあった。
- 笙船は自分の命を懸けていた。死んでも救いたい、どうにかしたいという思いがあった。

※笙船は、江戸の町に暮らすたくさんの貧しい人は養生が必要であることを社会

的な課題としてとらえ、課題を解決し、未来をよくすることを自分の生き方だと考えています。さらに、「死んででも救いたい」という考えが出されたときには、「それは、よい生き方だと思う？」と揺さぶっていきます。

T 死んででも救いたいって言うけど、自分の生活を犠牲にしているようにも見えるし、本当にそれはよい生き方なのかな？
- みんなを救いたいというのが、笙船の思いだから。
- あ！だから、一人一人違うんだ。そういうことか！
- 笙船は子どものころにお医者さんに助けてもらったことがあるのでは？
- 一度助けたら、助けた人から、信頼された。信頼が大きくなって、この養生所が生まれて、そこからどんどん未来につながった。

T 他の人から見るとすごいがんばりだけど、笙船からすると、ただみんなの期待に応えていった結果なんだ。
- もしかしたら人を助けたら、助けられた人がまた人を助けたいと思う。助けたいって思いをつないで、仲間を増やす。そうやって、よい社会にしていこうと思ったんじゃない？
- 無限に続く！人が変わったら、社会も変わる。助け合う人が、いっぱいになって町も変わる。
- 病気や怪我で倒れない江戸を見てみたいという思いがあったんじゃないかな。

T 普通、目標とか将来の夢って、職業で答えるよね？　でも、笙船は違う。医者として、江戸を変えたいという思いがあった。目標や夢は、職業の先。社会を変えていくこと。
- かっこいい〜！

T 笙船の生き方からどんなことを学べるだろう。
※笙船が選んだ道は、社会を変えるという大きなことに向いていたという考えが出されました。そうした笙船の生き方からどんなことを学べたか（学習感想）を書いて、授業を終えました。

Qの仕掛け② ～実践をつくる～　第❸・❹学年

印象深い題名・キーワード

実践の概要

主題（テーマ）
「強いって、どういうこと？」
　A　善悪の判断、自律、自由と責任
　正しいと判断したことは、自信をもって行うこと。

道徳キーワード　正しいこと／判断／流される／自信／後ろめたさ／強さ／弱さ

教材　よわむし太郎（私たちの道徳３・４年）

問題　「太郎の強いところは、どんなところ？」

ねらい　太郎の強いところはどんなところかを話し合い、強いとはどういうことかを考えることを通して、自分にある強さを自覚し、正しいと判断したことを、正しい方法で解決していこうとする判断力を育む。

● 主題（テーマ）「強いって、どういうこと？」

　道徳キーワードの「強い」と、テーマをつくる「５つの視点」の「価値の意味」を組み合わせ、テーマを「強いって、どういうこと？」としています。

　正しい行いをするために勇気を出すことは大切ですが、状況をよく見て判断したり対応の仕方をしっかり考えないと、よかれと思ってしたことが裏目に出ることもあります。こうした点を踏まえ、自分にも強さがあることを自覚し、正しい方法について考える実践です。

●教材「よわむし太郎」

> 　太郎は、村の子どもたちから「よわむし太郎」と呼ばれ、からかわれていた。ある日、殿様が現れ、子どもたちが世話をする白い鳥を矢で打とうと弓を構える。すると、太郎は殿様の前に立ちはだかり、涙を流しながら、白い鳥を打ち殺さないよう訴える。

　教材の「よわむし太郎」という題名にはインパクトがあります。「よわむしって、どういうことなんだろう？」や、弱いの反対から「人の強さとは、何なのだろう？」と考えることができる教材です。
　ここでは、Qの仕掛け②「印象深い題名・キーワード」を踏まえ、問題を「太郎の強いところは、どんなところ？」としています。

●Qの仕掛け表

Qの仕掛け	教材のよさや特徴	○問い・発問
①人物の行動や教材全体で価値を伝える	――	――
②印象深い題名・キーワード	●題名が「よわむし太郎」。 ●子どもたちから「よわむし太郎」とからかわれている。	○太郎は、本当に「よわむし」なの？ ○太郎の「強さ」とは？
③人物の気持ちや行動の変化	●子どもたちからからかわれてもにこにこしていたが、殿様が白鳥に矢を向けると立ちはだかった。	○太郎は、何か変わったから殿様の前に立ちはだかれたのかな？
④対照的な考え方の比較	●白鳥を矢で打とうとする殿様と立ちはだかる太郎。	○殿様と太郎は、何がちがうの？
⑤書かれていない思いや考え	●太郎は目から大きな涙をこぼして、殿様に頼む。 ●太郎は、子どもたちに走り寄られる。	○どんなことを考えていた？ ○どんな気持ち？
⑥普通はできない・そうならない	●子どもたちからからかわれてもにこにこしていた。 ●殿様が白鳥に矢を向けると立ちはだかった。	○なぜ太郎は、立ちはだかったの？ ○命をかけてまで白い鳥を守るの？

⑦葛藤や考え方の対立	●弓を引く殿様の前で立ちはだかる太郎。	○弓を引く殿様の前で立ちはだかる太郎はどんなことを思っていた？　怖くないの？
⑧書かれていない行動とこれから	●「よわむし太郎」という名前がなくなったというところで教材が終わる。	○この村は、今後どうなっただろう？
⑨「もしも…」	──	──

● 実際に行った授業展開

教材の題名から、「よわむしとは？　反対に強いとは？」という問題意識をもたせ、テーマ「強いって、どういうこと？」を設定する。「強い」のイメージを話し合う。ドラえもんを例に、「ジャイアンを強いと思うか？」と投げかける。

心に残ったことや疑問を問う。問題「太郎の強いところはどんなところ？」を設定し、子どもの考えから、授業を展開する。板書に矢印で太郎の選択肢を示し、「いじわるをする子どもに『だめだよ！』と言うほうが強いのではないか？」と問い返す。

「矢を向ける殿様に対して、①立ちはだかる②倒す③逃げる、のどれが『強い』なのか？」と問い返す。そこから生まれた「命をかけることが『強い』ということなのか？」という問いについて話し合う。

悪いことを断ったり、よいことを行おうとしたりしている絵を見せて自分に結びつける。「みんなにある強さとは？　強さをどう発揮していけばよいか？」と発問する。「強いって、どういうことなのか？」というテーマに戻り、自分の考えを書く。

「?」「!」が飛び交う楽しいテーマ追求学習の実際　第4章

板書

○授業の議論・対話と問い返し

導入 Theme
「強いって、どういうこと？」

T　今日のお話は「よわむし太郎」です。「よわむし」の反対は「強い」ですよね？　強いって一体どういうなのだろう？

● 気持ちが強いっていうのもあるんじゃないかな。

●「モチモチの木」の豆太みたいに、勇気がある人。誰かのために力を使う人。

● 泣き虫は、弱虫ってこと？

※「強い」という言葉に対し、国語で学習した「モチモチの木」につなげて考えている子がいました。これは、教科を越えた既習事項の活用は、大いに認めていきたいです。

展開①

T　今日は「よわむし太郎」というお話を読みました。心に残ったことや疑問に思ったことはありますか？

● 子どもたちに着物とかを汚され、弱虫と言われても笑っていた。どうしてそうしていられるのだろう？

● 背はとても高く、力は強いって書いてあって、本当は強いんだけど、心は優しい。

● 白い鳥のために目から大きな涙をこぼしても立ちはだかった。

101

- ●どうしてこんなに強いのに、弱虫って言われていたんだろう？
- T　今日考えていることは、「強いって、どういうこと？」だよね。太郎には強いところがありそうだね。太郎のどんなところが、強いのだろう？

[問題] 太郎の強いところは、どんなところ？

- ●子どもに意地悪されても、ニコニコ笑っていられる優しさも強さだと思う。
- ●子どもが大切にしていた白い鳥を命がけで守ったこと。
- T　子どもに意地悪されたときにやり返さなかったところが強さという意見が出たけど、意地悪に対して、「ダメだ！」って言うほうが強いんじゃないかなぁ。
- ●強さにはいろいろある。力が強いとか心が強いとか。一人一人に強さがある。
- ●注意するのも優しさかもしれない。でも、笑って見逃してあげるっていうのが、太郎にとっての優しさ。強く言うと悲しんでしまうって考えて行動できた優しさ。

※子どもたちはテーマに結びつけ、強いやよわむしといった言葉で心に残ったことや疑問を話しました。「Qの仕掛け」から、本教材では、子どもたちが太郎をからかうところ、矢を向ける殿様の前に立ちはだかるところに注目が集まるととらえていました。予想していたとおりの反応だったので、想定していた問題を提示しています。

展開②

- T　感想で、「立ちはだかったから太郎は強い」って言っていた人がいるけど、悪いことをしている殿様なんだから、やっつけちゃったほうが強いんじゃないの？
- ●それだと暴力になってしまう。強いと暴力は違う。
- ●今まで優しくしていたのに、殿様に暴力をしたら、いい人ではなくなってしまう。

T 命をかけて守っていたよね。命をかけることが強さなの？
- そういうことじゃない。
- 太郎は、子どもが悲しむ顔が見たくなかった。どうしても助けたかったのだと思う。
- 命の重さはみんな同じだから、白い鳥を守ったんだと思う。自分にはできないけど。
- 子どもにも命があって、鳥にも命がある。殿様に暴力したら、殿様にも家族がいるから、悲しい思いをする人がいる。

※正義のヒーローというと、悪を倒すというイメージがあります。そこで、「悪い殿様をやっつけたほうが『強い』のではないか？」と問い返しています。また、いくら正しくても、自分の命を懸けて行動することがよいことだなどとならないよう、「命を懸けることが強さなのか？」と投げかけています。

終末

T みんなにはどんな強さがあるのかなぁ？　どんな場面だったら、強さを発揮できる？
- もしも、友達が誰かに意地悪されていたら、ダメだよって止めなければいけない。でも、言い方は優しくしたいって思った。
- 確かに、だめなことをしないとか、悪いことをしている人に注意するのも強さだと思う。けど、太郎の強さはそれだけじゃない。太郎は、誰かのためって感じ。

T みなさんと話し合って、強いってどういうことだと思いました？
- 人は、大切な人や物を守るときに強さを発揮する。それにはすごく勇気がいる。引けないときは誰にでもあって、そういうときは自分のことを差し出す。勇気があるというのが、心の強さ。
- 誰かのために何かできるのが強さ。モチモチの木だってじさまのために豆太が医者様を呼びに行っていた。このお話も同じ。

※「強さ」を自分の生活につなげて考えることができるように、『私たちの道徳』に掲載している悪いことに対して自分はしないという姿勢を示す絵を見せています。自分の考えをノートに書いて、授業を終えました。

Qの仕掛け③ ～実践をつくる～　第❶・❷学年

人物の気持ちや行動の変化

実践の概要

主題（テーマ）
「どうしたら、やさしい気持ちをもてるの？」
　B　親切、思いやり
　身近にいる人に温かい心で接し、親切にすること。

道徳キーワード　あいて／あたたかい心／しんせつ／やさしさ
教　材　はしの上のおおかみ（わたしたちの道徳1・2年）
問　題　「はじめと後のおおかみは、どう変わったと思う？」
ねらい　おおかみの変容を話し合い、もっと優しくなるにはどうしたらよいかを考えることを通して、温かい心で接し、親切にしようとする実践意欲を育む。

●主題（テーマ）「どうしたら、やさしい気持ちをもてるの？」

　道徳キーワードの「やさしさ」と、テーマをつくる「5つの視点」の「変容」を組み合わせ、テーマを「どうしたら、やさしい気持ちをもてるの？」としています。相手のことを傷つけるつもりはなかったのに傷つけてしまったり、いじわるをしてしまったりすることがあります。これは、相手の考えや気持ちを尊重することのむずかしさに理由がありますが、本当は自分も優しくしたいという気持ちをもっています。

　周囲に目を向ければ、親切な人はたくさんいるし、親切にする機会もあります。こうした点に気づけるように、温かい心をもって自分から親切にする大切さについて考えられるようにする実践です。

教材「はしの上のおおかみ」

> おおかみは、一本橋に渡ってくる自分より小さい動物たちにいじわるをして面白がっていた。おおかみは、自分より大きいくまと出会ったときに、思いがけず優しく橋を渡してもらう。それからおおかみは、くまのマネをして他の動物たちに優しくする。

本教材は、いじわるだったおおかみがくまに出会い、優しくなります。おおかみの変容から、どうすれば優しくなれるかを考えることができる教材です。そこで、Qの仕掛け③「人物の気持ちや行動の変化」を踏まえ、問題を「はじめと後のおおかみは、どう変わったの？」としています。

Qの仕掛け表

Qの仕掛け	教材のよさや特徴	○問い・発問
①人物の行動や教材全体で価値を伝える	――	――
②印象深い題名・キーワード	●はじめも後もおおかみは、同じ「えへん、へん」と言葉を発する。	○はじめと後の「えへん、へん」は同じ？
③人物の気持ちや行動の変化	●いじわるをしていたおおかみが優しくなる。	○はじめと後のおおかみはどう変わった？ ○なんで変わったの？
④対照的な考え方の比較	●はじめのおおかみとくまの小さい動物への接し方の違い。	○はじめのおおかみとくまは、何が違うの？
⑤書かれていない思いや考え	●用もないのに橋の上で待っているおおかみ。 ●くまに持ち上げられたおおかみ。 ●前にいじわるされたおおかみにやさしくされたうさぎ。	○どんなことを考えていた？ ○どんな気持ち？ ○うさぎは、おおかみのことをどう思っている？

⑥普通はできない・そうならない	●くまさんに対して、自分が戻ろうとする。 ●くまがおおかみを持ち上げる。	○なぜ、おおかみは自分が戻ろうとしたか？ ○なぜ、くまはおおかみを追い返さなかった？
⑦葛藤や考え方の対立	──	──
⑧書かれていない行動とこれから	●今後、森の動物たちがどうなったかが書かれていない。	○この森は、今後どうなっただろう？ ○おおかみに優しくされた動物たちは、どうなった？
⑨「もしも…」	●くまがおおかみを戻していたら…。	○もし、くまがおおかみを追い返していたら、この森はどうなった？

○実際に行った授業展開

おおかみがうさぎに「もどれもどれ」と言う絵を見せ、「いじわる」や「もっと優しく」などの言葉から、テーマ「どうしたら、やさしい気持ちをもてるの？」を設定する。

心に残ったことを話し合い、おおかみの変化を確認する。問題「はじめと後のおおかみでは、どう変わったの？」を設定し、子どもの考えから授業を展開する。

「くまのおかげ」などの発言を生かし、「もし、くまがいじわるしていたら？」や「おおかみに優しくされたうさぎはどうする？」と問い返す。

もっと優しくなるには、どうすればよいかについて考え、話し合う。「優しい人が現れないと、優しくなれない？」「誰から、優しくなる？」などと投げかけ、意欲を高める。

「？」「！」が飛び交う楽しいテーマ追求学習の実際　第4章

● 授業の議論・対話と問い返し

導入 Theme
「どうしたら、やさしい気持ちをもてるの？」

- **T**　教科書の絵を見て、何か気づくことはある？
  - ●橋の上にいる。おおかみが怖い顔。うさぎさんを狙っている。
  - ●おおかみが「どけ、どけ」って言っている。意地悪している。
  - ●うさぎさんは悲しそうな顔をしているね。泣きそう。
- **T**　今日はこんなおおかみさんがやさしくなる話だよ。

※おおかみがうさぎに「もどれもどれ」と言い、いじわるをしている場面絵を見せ、このおおかみがやさしくなることを伝えると、変容することに驚き、「どうして、おおかみはやさしくなれたのだろう？」と疑問が生まれます。そこで、テーマを「どうしたら、やさしい気持ちをもてるの？」にしています。

展開①
- **T**　今日のお話を読んで心に残ったことはある？
  - ●くまさんのおかげで、おおかみがうさぎに優しくした。くまさんが教えてくれた。
  - ●おおかみは、くまのまねをして違う人にもしてみたいと思った。
- **T**　（導入の板書を示して）最初はこんなおおかみだったけど、最後はうさぎに優しくしたよ！　何が変わったんだろう？

[問題] はじめと後のおおかみは、どう変わったの？

- 最初のおおかみはいじわるだった。あとのおおかみはやさしい。
- はじめは優しくするといい気持ちになることを知らなかった。人によいことをするのはよいことだと気づいた。
- くまさんに教えてもらって、「みんなに優しくする。よいことをする」って、自分と約束した。

T　おおかみさんは、どうして動物のみんなにいじわるをしちゃっていたのだろう？

- 逆らわないから、別にいいやと思っていた。
- おおかみは誰かからいじわるをされていたのかも。いたずらやいじわるを楽しんでいるのを見て、自分もやってみたいと思ったんじゃないかな？
- おおかみはいじわるだと気づいていなかったんじゃない？きっと優しい気持ちを、知らないんだよ。

T　なるほどー。みんなもこうなっちゃうときってある？

- そりゃあるよ。弟にいばってる。
- 遊んでいるとき、ついつい言葉が強くなっちゃう。

※心に残ったことを話し合い、考えを板書します。子どもたちは、「問題」に対して、板書を参考にしながら自分の考えをもちます。また、はじめのおおかみさんが他の動物たちにいじわるをしてしまった理由を考えることで自我関与を促します。

T　もし、くまさんが「どけどけ！」っておおかみにいじわるを言っていたらどうなったと思う？

- くまがいじわるしたら、おおかみはもっといじわるになっちゃう。
- どんどんいじわるになって、バーンって押して、橋から落ちて、怪我しちゃうかも。
- うさぎも、たぬきも、きつねもみんな嫌な気持ち。
- いじわるされたら、嫌なんだって気づいて優しくなる。反対に

　　　　優しくされるといい気持ちだとわかれば、優しくなる。
T　なるほど。優しくされたら、優しさがつづく。いじわるされたら、いじわるがつづく。これから、森はどうなると思う？
　●うさぎさんは自分より体の小さいねずみさんに優しくする。
　●みんなでちゃんと優しくしようってなる。
　●優しさって、つながる。

※「くまがいじわるをしていたらどうなっていたか？」と「もし？」を問うことで、優しさは優しさを生み、いじわるはいじわるを生むということに気づけるようにしています。また、「おおかみに優しくされたうさぎはどうする？これから森はどうなる？」と、教材には書かれてはいない「その先」を尋ねています。これは、うさぎを自分に重ね、森をクラスに重ね、「自分も優しくなりたい！」「周りの人にも優しくしていきたい！」といった意欲の高まりを期待してのことでした。

終末

T　教科書には「こんなとき、どうする？」って、書いてあるね。「小さい子が転んでいるとき」はどうしますか？
　●どうしたの？って言って、保健室まで一緒に行く。
T　「友達が泣いているとき」だったら？
　●そっとしておく。
　●話を聞く。
T　みんな、どうしてそうしようと思ったの？
　●優しくされたら、優しくできる。優しさはつながる。
　●相手のことを考えたら、いじわるはできない。
　●私も優しい人になりたいから。
　●心で思っているだけでは、相手には伝わらない。行動にする！

※どのような場面で「やさしさ」を実現していくか、自分の生活につなげて考えられるように、親切な行動が描かれた場面絵を見せています。このように、「テーマ」に即して自分の生活と重ね、実際の場面で自分はどう行動するか、なぜそうするかを考えられるようにしています。

Qの仕掛け④ ～実践をつくる～　　第 5・6 学年

対照的な考え方の比較

実践の概要

主題（テーマ）
「自由、どうする？」
　A　善悪の判断、自律、自由と責任
　自由を大切にし、自律的に判断し、責任のある行動をすること。

道徳キーワード　自由・自律・判断／責任・行動／自分勝手
教材　うばわれた自由（私たちの道徳5・6年）
問題　「2人の自由の考え方は、どう違う？」
ねらい　ガリューとジェラールの2人の自由の考え方の違いを話し合い、どんな自由をどう実現していくかを考えることを通して、自由を大切にし、自律的に判断し、責任ある行動をしようとする判断力を育む。

● 主題（テーマ）「自由、どうする？」

　道徳キーワードの「自由」と、テーマをつくる「5つの視点」の「価値判断」を組み合わせ、テーマを「自由、どうする？」としています。

　自由と自分勝手は異なりますが、どこまでが自由なのかイメージできていない子どももいます。

　自由とはどういうものか、自由なとき自分だったらどうするかについて考えることを通して、規則やルールを破ったり、他の人に迷惑をかけたりしないこと、自律的に判断し、正しい行動をしていこうと思えるように考えていく実践です。

教材「うばわれた自由」

> 森の番人ガリューは、自分の思いのままに行動するジェラール王子に対し、決死の覚悟で「それは誤っている」と訴える。それに対して、ジェラール王子は、ガリューを牢屋に入れる。
> その後、国は荒れ、裏切られ、ジェラールも捕えられる。牢屋でガリューと再会する。ガリューが牢屋を出るとき、ジェラールに「本当の自由を大切にして、生きてまいりましょう」と言う。

ジェラールとガリューの自由に対する考え方は対照的です。そこで、Qの仕掛け④「対照的な考え方の比較」を踏まえ、「問題」を「2人の自由の考え方は、どう違う？」としています。

Qの仕掛け表

Qの仕掛け	教材のよさや特徴	○問い・発問
①人物の行動や教材全体で価値を伝える	―	―
②印象深い題名・キーワード	●牢屋を出るガリューがジェラールに「本当の自由を目指していこう」と言う。	○「本当の自由」とは、何か？
③人物の気持ちや行動の変化	●ジェラールが「わがままな心を正すことができたら…」と反省する。	○ジェラールは、どう変わった？
④対照的な考え方の比較	●自分勝手な考えのジェラールと本当の自由を目指すガリュー。	○2人の自由の考え方は、どう違うか？
⑤書かれていない思いや考え	●「本当の自由を大切にしよう」とガリューに言われたジェラールの気持ち。	○「本当の自由を大切にしよう」と言われたジェラールは、どんな気持ちか？
⑥普通はできない・そうならない	●ガリューは、王子であるジェラールに自分の自由への考え方を主張する。	○なぜ、ガリューは王子であるジェラールにそこまでして、必死に訴えたのか？

⑦葛藤や考え方の対立	—	—
⑧書かれていない行動とこれから	●今後、ジェラールはどんな自由を目指していくか。	○今後、ジェラールはどうしていくか？
⑨「もしも…」	●ジェラールが捕まっていなかったら、どうなるか？ ●ジェラールみたいな人ばかりだったらどうなるか？	○もし、ジェラールが捕まっていなかったら？ ○もし、きまりがなかったらジェラールは悪くない？

● 実際に行った授業展開

授業開始と同時に「『この時間は自由にしていいよ！』と、言ったらどうする？」と投げかけた。「イェーイ！」と反応する子、「ゲーム」や「寝る」「学習する」といった意見が出されることが多い。こうした考え方の違いを確認してテーマを設定する。

心に残ったことや疑問を問う。ジェラールの思いを考え、「こんな気持ちになることはないか？」と共感を促す。子どもの発言を踏まえて、問題「2人の自由の考え方は、どう違う？」を提示し、ガリューとジェラールの考え方の違いを比較して考える。

子どもの言葉を受けて、「きまりやルールがなかったらどうなるのか？」と問い返す。ガリューの「本当の自由を目指していきましょう」という言葉を使い、「ガリューの考える本当の自由は何か？」と追発問する。

「自由、どうする？」というテーマに立ち返り、「どんなことを考えて、自由を実現していけばよいか？」と発問し、自分の考えを書く。

「？」「！」が飛び交う楽しいテーマ追求学習の実際　第4章

板書

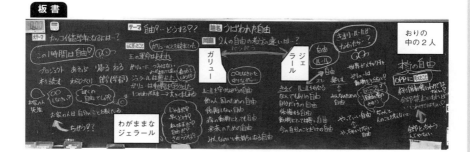

○ 授業の議論・対話と問い返し

導入 Theme
「自由、どうする？」

T 「この授業の時間は、自由にしていいよ」と言われたらどうする？
- 家に帰って、寝たい。
- 係を進める。5年生になって高学年になったから、遊ぶのはちょっと…。
- 移動教室のために、事前学習をする。自学で調べるのが楽しい。

T 自由をどう使うかは、一人一人考え方がいろいろだね。ところで、お家の人や先生に「○○しなさい！」と言われて、「私の自由じゃん！」と思ったことはない？
- あるある〜。

T お家の人や先生に言われてもやるかやらないかは、君たち次第。自由をどう使うかもそう。今日は、「自由ってどうすることか」について考えていきましょう。

※急遽、雨が降るなどして授業内容を変更しなければならなくなったとき、「え〜！」と残念がる子もいれば、「だったら、○○しようよ〜！」と言い出す子もいます。当初の予定がなくなり、自由になったと想定してどうしたいかを考えたり、これまでに大人から束縛された経験などを想起したりすることで「自由」に対する問題意識をもてるようにします。

113

T　今日のお話を読んで、心に残ったことは何かあるかな？
- ジェラールは、自分のことしか考えていない哀れな人。わがままレベルが高い。でも最後には、反省していてえらい。
- ガリューが殺されてしまうかもしれないのにジェラールの前に立てたのがすごい。
- 「本当の自由」って、何？　この言葉が、気になった。

T　ジェラールとガリューは、「自由」について言い合っていたね。２人の自由の考え方は、どう違うと思う？

［問題］２人の自由の考え方は、どう違う？

※心に残ったことを話し合うと、子どもたちは自然とガリューとジェラールを比較して考えはじめました。「ジェラールはわがままレベルが高すぎる」という発言を受けて、自分のわがままレベルと比べたり、わがままをするジェラールの気持ちを考える発問をしたりして自我関与を促し、それに基づき問題を設定しています。

- ジェラールは何でもありの自由。ガリューはちがう。ルールを守りながらの自由。
- ジェラールは後悔する自由。ガリューは後悔しない自由。だって、国がバラバラになってしまい、ジェラールは後で反省した。
- ジェラールは、今しか考えていない。ガリューは未来のことまで考えている。
- 廊下を走らないというきまりがあるけど、それは、みんながけがをしないようにするため。みんなのことを考えると自由であっても守るもの。

T　自分の生活とつなげて考えていますね。でも、「自由」と「きまり」や「ルール」って反対なイメージない？　ルールを守りながらの自由ってどういうことだろう？
- ガリューは自分の自由ではなくみんなの自由を考えていた。
- 国のルールの中にあるのが自由な気がする。学校も同じ。

- ●いい自由と悪い自由がある。ルールを守らない自由はダメ。自由であっても悪いことはしてはいけない。

T　もし、狩りを禁止するというきまりがなかったら、ジェラールは悪くない？

- ●もし、きまりがなくても、ガリューは森の動物を狩らないんじゃない？
- ●狩りが悪いんじゃなくて、自分のことしか考えなかったことがいけないんだよ。

※「問題」に対し、ガリューとジェラールの自由を数値にして表したり、自分の考える自由はどこにあたるかスケールに表したり、自由とわがままのバランスを天秤の図で表している子がいたのが印象的でした。

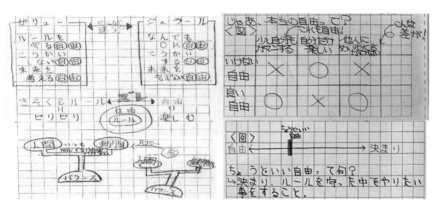

終末

T　なるほどねー。牢屋を出るときに、ガリューは「『本当の自由』を大切にしていきましょう」とガリューが言いましたよね。二人は、今後どんな「本当の自由」を大切にしていきたいですか？ みんなはどうやって自由を実現していきますか？ 自分の考えをノートに書きましょう。

Qの仕掛け⑤ ～実践をつくる～ 第5・6学年

書かれていない思いや考え

実践の概要

主題（テーマ）
「命を大事にするって、どういうこと？」
　D　生命の尊さ
　生命が多くの生命のつながりの中にあるかけがえのないものであることを理解し、生命を尊重すること。

....

道徳キーワード　命／生命／つながり／死／生きる
教材　その思いを受けついで（私たちの道徳5・6年）
問題　「じいちゃんはどんな思いで、のし袋を残したのだろう？」
ねらい　大地がじいちゃんから受け継いだ思いについて話し合い、命を大事にするとはどういうことなのかを考えることを通して、かけがえのない生命を大切にして生きていこうとする心情を育む。

● 主題（テーマ）「命を大事にするって、どういうこと？」

　道徳キーワードの「命」と、テーマをつくる「5つの視点」の「価値の意味」を組み合わせ、テーマを「命を大事にするって、どういうこと？」としています。

　さまざまな人々との精神的なつながりや支え合いの中で一人一人の生命が育まれ存在すること（命の連続性・関係性）、死の重さ（命の有限性・一回性・非可逆性）、限りある生命を懸命に生きること（精神性・可能性）といった視点から、自分の命や生きるということを見つめ、命を大事にするとはどういうことなのかを考えられるようにする実践です。

教材「その思いを受けついで」

> 祖父の寿命があと3か月と迫っていることを母から聞いた大地は、残された祖父との時間を大切に過ごし、祖父の最期を看取る。祖父の死後に枕の下から見つかったのし袋には震えた字で大地への思いが書かれていた。

じいちゃんの思いとその思いを受け継いだ大地がどう生きていくかを考えていきたい教材です。そこで、Qの仕掛け⑤「書かれていない思いや考え」を踏まえ、「問題」を「じいちゃんはどんな思いで、のし袋を残したのだろう？」としています。

Qの仕掛け表

Qの仕掛け	教材のよさや特徴	○問い・発問
①人物の行動や教材全体で価値を伝える	―	―
②印象深い題名・キーワード	●題名が「その思いを受けついで」。	○大地は、どんな思いを受けついだのか？ ○思いを受けつぐとは、どういうこと？
③人物の気持ちや行動の変化	―	―
④対照的な考え方の比較	―	―
⑤書かれていない思いや考え	●大地が、毎日病院に通う。 ●じいちゃんがのし袋を残す。	○何を考えていた？ ○どんな気持ち？ ○どんな思い？
⑥普通はできない・そうならない	●大地が、毎日病院に通う。	○なぜ、毎日通ったのか？
⑦葛藤や考え方の対立	―	―
⑧書かれていない行動とこれから	●大地がのし袋を見つけたところで、お話が終わる。	○思いを受けついだ大地は、どう生きていくだろう？
⑨「もしも…」	●じいちゃんの命が「あと3か月」と宣告される。	○もしも、自分の近い人の命が「あと3か月」と言われたら？

● 実際に行った授業展開

導入　「みんなは、命を大事にしているか？」と問い、「大事にしている」「していない」「わからない」で挙手を求める。テーマ「命を大事にするって、どういうこと？」に対し、直感的なイメージを出し合う。

展開①　心に残ったことを話し合うと、じいちゃんへの感想が多く出される。それらを踏まえて、問題を「じいちゃんはどんな思いで、のし袋を残したのだろう？」を設定する。

展開②　「大地はどんな思いを受けついだのか？」を考え、自分が命をどう大事にするかを考えることにつなげる。

終末　「命を大事にするって、どういうこと？」というテーマに立ち返り、改めて「みんなは、命を大事にしているか？」と問いかけ、自分自身と重ねながら考えを書く。

● 授業の議論・対話と問い返し

Theme
「命を大事にするって、どういうこと？」

T　いきなりですが、みなさんは命を大事に生きていますか？
　●えー？　いきなり！
T　命を大事にしているっていう人？（※半分くらいの子どもが挙手）
T　大事にしていないかもって思う人？（※4分の1の子どもが挙手）
T　いや。なんかちょっと、そんなこと言われても困りますって人？（※3分の2くらいの子どもが挙手）
T　今日は「命を大事にするって、どういうこと？」について考えま

しょう。今日のお話は「その思いを受けついで」というお話です。

※「みんなは、命を大事にしているか?」と問うと、子どもたちはギクっとした様子でした。テーマ「命を大事にするって、どういうこと?」に対し、「目標に向けてがんばること」という意見が出されたので、「なんか命とは、関係ない感じもするけどどうなんだろう?」と返し、「目標やがんばることが、命を大事にすることとどう関係するの?」という問題意識をもてるようにしています。

展開①

T　このお話を読んでどんなことが心に残りましたか?

- お母さんからの貼り紙を見て、急いで病院に行った。それだけじいちゃんのことが好きってこと。
- 大地の誕生日は1か月後。じいちゃんは、あの手紙をがんばって書いた。きっと、自分が死ぬことをわかっていたんだと思う。
- のし袋を残すぐらいだから、じいちゃんも大地のことがやっぱりすごい好きだということ。
- おじいちゃんは、大地の手を握り返した。がんばって自分が生きていることを伝えたかった。
- のし袋がしわくちゃになっているということは、ずっと前から枕の下に入れていたってことだよね。自分の命が長くないことをわかっていた。

[問題] じいちゃんは、どんな思いでのし袋を残したのだろう?

T じいちゃんは、どんな思いでのし袋を残したと思いますか？
- じいちゃんは、大地に誕生日プレゼントを渡したかったけど、自分では買えないからのし袋を残したんだと思う。
- もうじいちゃんは死ぬってことがわかっていたから、手紙で最後に伝えたかった。自分の口からはもう伝えられるかわからなかったから。手書きで残しておいた。
- 大ちゃんの誕生日は、1年に1回。大ちゃんも楽しみにしていたけれど、じいちゃんも楽しみにしていた。じいちゃんは大ちゃんのことが大好きだから。
- じいちゃんはもう自分が死ぬのをわかっているんだけど、大ちゃんのために生きたいって思っていた。生きているのは、じいちゃんの根気強さなんだと思う。

T 今、「大ちゃんのために生きたい」「根気強い」って意見が出たけど、「根気強い」って、どういうことなのだろう？
- 字がふるえている。力を振り絞って、がんばって書いてくれた。
- 大ちゃんへの、じいちゃんの愛。好きだから、大ちゃんのためにもっと生きたいみたいな。そういう強さを感じる。

T 大ちゃんは、病院に毎日通っていたけど、どうしてそうしていたんだろう？　毎日通うのはたいへんだよね？
- 大好きなじいちゃんと、ちょっとでも一緒にいたかったから。
- じいちゃんはもう動けない。病院から出ることができない。だから、自分が行くしか会うことができない。

※授業前には、「大地はどんな思いを受けついだのだろう？」が「問題」になるのではないかと思っていましたが、子どもたちが話す感想が、じいちゃんのことに集中していました。そこで、子どもの思考に沿って、「問題」を「じいちゃんは、どんな思いでのし袋を残したのだろう？」に変更しています。

T このお話は「その思いを受けついで」という題名ですよね。大地は、どんな思いを受け継いだのだと思う？
- 愛する気持ちを受け継いだ。じいちゃんは大地のことを愛して

いた。だから、「大地も人を愛するって気持ちを大事にして生きていってほしい」って思っていた。
- 大地に、楽しく生きていってほしいと願っている。
- 「しっかりと寿命がつきるまで長生きする」ということ。じいちゃんは、もっと生きたいと願った。誰であっても死ぬときがくる。そこまでちゃんと生きていく。
- おじいちゃんの強い思い。がんばって生きるということ。じいちゃんはここまで「がんばって生きるぞ」って強く思ってきた。だから、その強さを受け継いだ。
- 先生、今ので意味がわかった！　最初の「自分の目標に向けてがんばる」っていうのが、「命を大事にする」とつながった！

終末

T　もう一度、聞くね。みんなは、命を大事にして生きている？
- 先生、これからだよ！　これまではあまり考えていなかったけど、今日からは、命を大事にしていける気がする。

T　みんなの人生はこれからですものね。最後に、命を大事にするってどういうことかについて、自分の考えをノートに書いてください。

※最終的には、（教材の題名にもなっている）「大地はじいちゃんからどんな思いを受けついだか」についても問うことにしました。その結果、自然と大地と自分を重ねて、自分の命のかけがえのなさや命を大事にしてどう生きていくかを考えることにつながっていったように思います。

Qの仕掛け⑥ ～実践をつくる～　第❶・❷学年

普通はできない・そうならない

実践の概要

主題（テーマ）
「どうなったら、わがままなのだろう？」

　A　節度、節制
　健康や安全に気を付け、物や金銭を大切にし、身の回りを整え、わがままをしないで、規則正しい生活をすること。

道徳キーワード　けんこう／あんぜん／もの／わがまま／きそくただしい生活
教材　かぼちゃのつる
問題　「かぼちゃは、どこまでつるを伸ばしてよかったの？」
ねらい　かぼちゃがどこまでつるを伸ばしてよかったかを話し合い、どうなったらわがままになるかを考えることを通して、しっかりと考えて度がすぎたわがままをしないで生活しようとする判断力を育む。

● 主題（テーマ）「どうなったら、わがままなのだろう？」

　道徳キーワードの「わがまま」と、テーマをつくる「5つの視点」の「価値の意味、成立条件」を組み合わせ、テーマを「どうなったら、わがままなのだろう？」としています。

　誰しも子どものころは「わがままを言うんじゃありません」などと叱られた経験があると思います。自分の気持ちや行動をコントロールすることは大切ですが、闇雲に否定されるばかりでは、個性を発揮することがむずかしくなります。そこで、どうなったらわがまなのかを子ども自身が考えられるようにしたいと思い、行った実践です。

教材「かぼちゃのつる」

> 畑に植えられたかぼちゃは、自分の伸ばしたいほうへ、つるをぐんぐんと伸ばしていく。みつばちやちょうの助言に耳を貸さず、すいかの頼みやこいぬの忠告も無視してつるを伸ばした結果、走ってきた車にひかれてつるを切られてしまう。

本教材で子どもに考えてもらいたいのは、つるを伸ばすことの是非ではなく、その程度であることや、かぼちゃがたくさんの人の忠告を聞き入れなかったことです。そこで、Qの仕掛け⑥「普通はできない・そうならない」を踏まえ、問題を「かぼちゃは、どこまでつるを伸ばしてもよかったの？」としています。

Qの仕掛け表

Qの仕掛け	教材のよさや特徴	○問い・発問
①人物の行動や教材全体で価値を伝える	──	──
②印象深い題名・キーワード	──	──
③人物の気持ちや行動		
④対照的な考え方の比較	──	──
⑤書かれていない思いや考え	・つるを伸ばすかぼちゃの気持ち。 ・トラックにつるを切られたかぼちゃの気持ち。	○つるを伸ばすかぼちゃはどんな気持ち？ ○トラックにつるを切られたかぼちゃは、どんな気持ち？
⑥普通はできない・そうならない	・みんなの忠告を聞き入れず、どんどんとつるを伸ばす。	○なぜ、みんなの忠告を聞けなかったの？ ○かぼちゃはどこまでつるを伸ばしてよかったの？
⑦葛藤や考え方の対立	・植物であるかぼちゃがつるを伸ばす。	○かぼちゃがつるを伸ばすのは悪いことなの？
⑧書かれていない行動とこれから	・かぼちゃが車につるを切られて話が終わる。	○今後、かぼちゃはどうしていくか？

⑨「もしも…」	・車につるを切られなかったら…。	○もし、つるを切られなかったら、かぼちゃはどうしてた？ ○車がこなかったらどこまでも伸ばしていいの？

● 実際に行った授業展開

導入
かぼちゃがのびのびとつるを伸ばす絵を見せ、どんなことを思うかを聞く。さらに、もしかぼちゃが「つるを伸ばすのを我慢しなさい」と言われたらどうかと聞く。

展開①
問題「かぼちゃは、どこまでつるを伸ばしてよかったの？」に対し、Google フォームの選択肢から自分の考えに近いものを選ぶ。

展開②
車につるを切られたかぼちゃの気持ちについて問うと、後悔の気持ちが出された。しかし、つるを伸ばすこと自体は悪いことではないことから、どうすればよかったかについて考えられるように促した。

終末
「どうなったら、わがままなのだろう？」というテーマに立ち返り、自分の考えを書く。

● 授業の議論・対話と問い返し

導入
Theme
「どうなったら、わがままなのだろう？」

T　今日のお話には、かぼちゃが出てきます。このかぼちゃは生きるためにつるを伸ばすのだけど、「つるを伸ばすのを我慢しなさい」って言われてしまいます。

第4章 「？」「！」が飛び交う楽しいテーマ追求学習の実際

板書

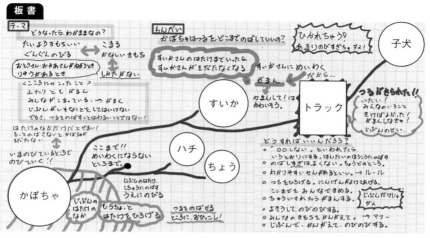

※オンライン授業だったため、ipadをノートを共有して板書している。

● かわいそう。それじゃ生きられない。アサガオと同じ。

T　そうだよね。かぼちゃがつるを伸ばすのは悪くないはずなのに、みんなから「わがままだ！」って言われちゃうんだ。みんなもお家の人に「わがままを言うのやめなさい！」と言われたことはある？

● ある。「おもちゃ欲しい！」って言ったら、「わがままやめなさい！」って怒られた。

T　おもちゃが欲しいと思うのは、悪いことなのかな？

● 悪いことだと思う。お母さんを困らせてしまったから。

● いや、おもちゃ欲しいのが悪いんじゃなくて…。

T　おもちゃを欲しいことが悪いわけじゃないのなら、わがままって、どういうことなんだろう？

※ここでは、ニコニコ笑顔でつるを伸ばすかぼちゃの絵を見せています（教材には登場しない架空のかぼちゃです）。これは、かぼちゃがつるを伸ばすのは悪いことではなく、生きるために必要なことを押さえたうえで、教材のかぼちゃの「何が悪いの？」「わがままとはどういうこと？」と考えたくなるようにするためです。

T 教材を読んで、心に残ったことはありますか？
- つるをどんどん伸ばしている。
- 周りのみんなは困っている。
- でも、つるを伸ばすのは、悪いことじゃないよ。

T では、どこまでならつるを伸ばしてよかったのかな？

> 問題 「かぼちゃは、どこまでつるを伸ばしてよかったの？」

T 次の中からだったら、どれを選ぶ？ Googleフォームで、答えてください。

［選択肢］
① 「伸ばしてはいけない」
② 「畑の中だけ伸ばしていい」
③ 「少し畑を出て、はちやちょうの所まで伸ばしていい」
④ 「すいかの畑まで伸ばしていい」
⑤ 「子犬や道まで伸ばしていい」
⑥ 「どこまでもぐんぐん伸ばしていい」

T じゃあ、グループで話し合って考えたことを発表してください。
- 畑の中だけかな。
- でも、窮屈じゃない？ 少しくらいならいいんじゃない？
- 窮屈だったから、畑から出てしまっただけ。仕方がない。
- みんなと相談して、畑を少し広げてもらったらよかった。
- もっと広いところに、お引越しするとか。
- どこまでというより、みんなの注意を聞かなかったのが悪いんじゃないのかな。

※内容項目の「節度」とは、「度を越さない」という意味です。「どこまでならしてよいのか」「どこからはいけないのか」と、程度を考えることを重視し、問題を「かぼちゃは、どこまでつるを伸ばしてもよかったの？」としています。Googleフォームの回答でもグループでの話し合いでも②の「畑の中」に集中していましたが、「窮屈だったから、畑から出てしまっただけ。仕方がない」という考えも出され、かぼちゃの何が悪かったのかを考える話し合いに

発展していきます。

展開②

T　車につるを切られてしまったかぼちゃは、どんな気持ちだっただろう？
- 痛い！みんなの言うことを聞いておけばよかった。
- わがままをした自分のせいだ。

T　かぼちゃに何か教えてあげられることはある？
- つるを伸ばすのはいいけれど、他の人に迷惑をかけてはいけない。
- 周りをよく見て、よく考えないと。
- みんなはやめたほうがいいと止めていたよ。みんなの話を聞くのは大事だよ。そうしないと、わがままになっちゃう。
- 「ここまでしたら、どうなるだろう？」ということも考えてから、のびのびしないと。
- みんなにもわかりやすい線を引いたらいいんじゃないかな？ルールをわかりやすくしたほうがいい。
- みんなと話し合って、ここまではかぼちゃさん、ここからはすいかさんと決めるのもよいかも。

※かぼちゃがつるを伸ばした結果、車につるを切られてしまったが、つるを伸ばすこと自体が悪いわけではないはずです。この構造を明らかにすることで、子どもたちに「どうすればよかったのか？」という問題意識が生まれています。その後、「他の人に迷惑をかけることが、わがままなのではないか」「わがままにならないためには周りを見たり、相手の忠告を聞いたりして考えることが大事なのではないか」という話し合いに発展していきます。

終末

T　「どうなったら、わがままなのだろう？」について考えたことをノートに書きましょう。

Qの仕掛け⑦ ～実践をつくる～　　第❸・❹学年

葛藤や考え方の対立

実践の概要

主題（テーマ）
「よい友だちって、どんな友だちなのだろう？」
　B　友情、信頼〔第3学年及び第4学年〕
　友達と互いに理解し、信頼し、助け合うこと。

道徳キーワード　友達／お互い／信頼／助け合う
教材　泣いた赤おに（学研など）
問題　「赤鬼と青鬼の2人をよい友達だと思う？」
ねらい　赤鬼と青鬼の2人はよい友達かを話し合い、よい友達とはどういう友達なのかを考えることを通して、互いのことを理解し、よりよい友達関係や健全な仲間集団を築いていこうとする態度を育む。

● 主題（テーマ）「よい友だちって、どんな友だちなのだろう？」

　道徳キーワードの「友達」と、テーマをつくる「5つの視点」の「価値の成立条件」を組み合わせ、テーマを「よい友だちって、どんな友だちなのだろう？」としています。

　中学年以降の子どもは、気の合う者同士で仲間をつくって自分たちの世界を確保し、楽しもうとする傾向があります。それ自体は自然なことなのですが、自分の仲間以外のクラスメイトとの関わりが薄かったり、仲間を優先するあまり不公平な行動をとったりすることもあります。

　本事例は「よい友達とは何か」について考えることで、よりよい友達関係や健全な仲間集団を築いていこうと思えるようにする実践です。

●教材「泣いた赤おに」

> 人間と仲よくなりたい赤鬼のために、青鬼が芝居を打つ提案をする。赤鬼は躊躇するが、村で暴れる青鬼をポカポカと殴り、優しい鬼だと思わせ、人間からの信頼を得る。赤鬼の下を去った後、青鬼の家に貼られた紙を読んで赤鬼は涙を流す。

　本教材は、赤鬼の涙に感動し友情の大事さを感じる子がいる一方で、「青鬼の提案は友達としてどうなのか？」「2人は本当の友達だといっていいのか？」と批判的に考えたり、「そもそも、人間が鬼を差別していることが悪いのでは？」といった疑問をもつ子もいます。
　そこで、Qの仕掛け⑧「葛藤や考え方の対立」を踏まえ、問題を「赤鬼と青鬼の2人をよい友達だと思う？」としています。

●Qの仕掛け表

Qの仕掛け	教材のよさや特徴	○問い・発問
①人物の行動や教材全体で価値を伝える	──	──
②印象深い題名・キーワード	──	──
③人物の気持ちや行動の変化	●鬼を怖がっていた人間が赤鬼と仲よくなる。 ●人間と仲よくなりたかった赤鬼が青鬼との友達関係を大事だと思う。	○そもそも、人間が鬼を差別していることが悪いのでは？ ○どうして、赤鬼は貼り紙を読んで、涙を流したのだろう？
④対照的な考え方の比較	──	──
⑤書かれていない思いや考え	●赤鬼は去った青鬼の家に貼られた紙を読み、青鬼を思って涙を流す。	○貼り紙を読んだとき、赤鬼はどんなことを思ったのだろう？
⑥普通はできない・そうならない	●人間と仲よくなりたい赤鬼のために、青鬼が芝居を打つ提案をする。 ●芝居で赤鬼が青鬼を殴る。	○青鬼は、どんな思いで、芝居を打つ提案をしたのだろう？ ○青鬼のことを殴っていたとき、赤鬼はどんな気持ちだったのだろう？

⑦葛藤や考え方の対立	●クラスに赤鬼と青鬼のことをよい友達だと思う子とそうでない子がいる。	○赤鬼と青鬼の2人をよい友達だと思うか？
⑧書かれていない行動とこれから	●赤鬼が青鬼の貼り紙を見て涙を流した後、どうしたかが書かれていない。	○あなたが赤鬼だったら、貼り紙を見た後、どうするだろう？
⑨「もしも…」	●赤鬼、青鬼、人間の三者が仲よくなる方法はなかったのか。	○もしも、赤鬼、青鬼、人間が仲よくしていくには、どうすればよかったのだろう？

◯ 実際に行った授業展開

授業前に行った「よい友だちって、どんな友だちなのだろう？」についてのアンケート結果をテキストマイニング化して提示し、「いつも一緒じゃないと友達ではない？」等の問題意識をもたせる。

心に残ったことや疑問を発言してもらいながら本時の「テーマ」を確認し、問題を「赤鬼と青鬼の2人をよい友達だと思う？」とする。

赤鬼の気持ちの変化や人間よりも青鬼を大事にできなかった理由、人間がみんなで仲よくできなかった要因など、子どもの反応に合わせて、話題を変えていく。

「よい友達関係」について話し合う。「自分は相手にとってよい友達になれているか？」などについて振り返り、学習感想を書く。

○ 授業の議論・対話と問い返し

導入 Theme
「よい友だちって、どんな友だちなのだろう？」

T　よい友達って、どんな友達かをアンケートしましたね。みんなが書いた言葉をテキストマイニングしました。大きく書かれているのがたくさん出てきた言葉です。

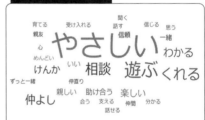

　●「やさしい」が、大きい！
　●仲よい子ほど、たくさんけんかしている。

T　じゃあ、けんかはたくさんしたほうがよいってこと？
　●そうじゃないけど…。
　●でも、けんかしたり、仲よくしたりしなくちゃいけなくてたいへん。

T　「ずっと一緒」っていう考えもあるね。じゃあ転校して一緒のクラスじゃなくなったAさんは、もう友達じゃないの？
　●ひどい！　そんなわけない！

T　でも、「ずっと一緒」が、よい友達なんでしょ？
　●確かに、ずっと一緒のほうが仲よしな感じがするけど…。

T　よい友達と仲よしって同じこと？
- え〜？　どうだろう？

※テキストマイニング化したアンケートの回答を見せることで、本時のテーマに対する問題意識を高められるようにしています。

T　今日のお話を読んで、心に残ったことは何ですか？
- 赤鬼が泣いているところ。青鬼がいなくなってかわいそう。
- なぜ、赤鬼は人間と仲よくなりたかったの？　青鬼という友達がいるのに…。
- ってか、なぜ人間は、鬼のことを悪いと思うの？　悪いことしていないじゃん！
- 青鬼がしたこともどうかと思う。演技はウソ。ウソをついて人間をだましている。
- でもそれは、赤鬼を思ってのことでしょ。

T　みんなは、赤鬼と青鬼のことをよい友達だと思った？　そう思わない人もけっこういますね。

問題　「赤鬼と青鬼の２人をよい友達だと思う？」

- よい友達だと思う。自分のことよりも赤鬼のことを思っている。青鬼が考えた作戦も赤鬼が人間と仲よくなるため。旅に出たのも、赤鬼のため。
- わたしは、よい友達だと思わない。優しすぎというか、青鬼の気持ちが赤鬼に伝わっていない。赤鬼のためになっていない。
- 思いが一方的だと思う。お互いの気持ちをわかり合っていない。
- 私はよい友達だと思う。赤鬼は、青鬼の手紙を読んで、人間よりも青鬼のことが大事だって気づいたから。

※子どもの発想から学んでいけるように、疑問や心に残ったことを聞き、さまざまな価値観が出るような「問題」になるように工夫しています。

展開②

T 赤鬼は手紙を読んで、どんなことを思っていたと思う？
- 「なぜ、友達の青鬼を大事にできなかったんだ…」って反省して、悲しい気持ちになっている。
- 赤鬼は、青鬼が大事だと気づくのが遅すぎる！

T 赤鬼はどうして、人間と仲よくなりたいだなんて思ったんだろう？
- 赤鬼は、誰とでも仲よくなりたいって気持ちだったんだと思う。ぼくも、みんなと仲よくなりたい。先生も「友達だけでなく、いろいろな人と話してみて」って言うじゃん。
- 「なんで、鬼ばっかり…」って思った。「おにたのぼうし」みたい。

T みんなが仲よくするには、どうすればよかったんだろう？
- 見た目で決めちゃいけないと思った。
- もっと話し合えばいいのに。赤鬼と青鬼も。人間とも。
- 赤鬼は話そうとしていた。優しくしようとしていた。
- 人間が仲よくしないから、青鬼が作戦を考えたんだよなー。

※「Qの仕掛け」を活用して教材を読めば、子どもがどこに引っ掛かりをもつか、どんな考えをもつかをある程度予想できます。そうした予想があれば、柔軟な授業展開にすることができます。

終末

T このお話から、よい友達とは、どんなものだといえるだろう？
- いつも一緒なのが、よい友達なわけではない。心が通じ合っていることが大事。
- 隠しごとをするのではなく、何でも気軽に言い合えるのがよい友達。赤鬼も青鬼も、もっと素直に話し合えばよかったのに。
- お互い友達だと思っているけど、一方通行ではだめ。

T 今日のテーマは「よい友だちって、どんな友だちなのだろう？」でした。考えたことをノートに書きましょう。

Qの仕掛け⑧ 〜実践をつくる〜　第❶・❷学年

書かれていない行動とこれから

実践の概要

主題（テーマ）
「どうすれば、あいてのためになるの？」
B　親切、思いやり
身近にいる人に温かい心で接し、親切にすること。

道徳キーワード　あいて／あたたかい心／しんせつ／やさしさ
教 材　公園のおにごっこ（学研２年）
問 題　「しんじたちは、どんな話し合いをしたのだろう？」
ねらい　ゆうたに対し、しんじたちが話し合っている場面をロールプレイし、どうすれば相手のためになるのかを考えることを通して、相手のことを考え、優しく接しようとする判断力を育む。

● 主題（テーマ）「どうすれば、あいてのためになるの？」

　道徳キーワードの「あいて」と、テーマをつくる「５つの視点」の「価値判断」を組み合わせ、テーマを「どうすれば、あいてのためになるの？」としています。

　２年生の子どもたちは、自分を軸とする考え方から徐々に、相手の考えや気持ちに気づけるようになっていきます。他方、他の人たちの感じ方や考え方を自分と同一視する傾向もあり、よかれと思って行ったことが裏目に出てしまい、理由がわからず悲しい気持ちをもつこともあります。

　本事例は、自分のことだけではなく、相手のことも想像しながら優しいと思ってもらえるような行動を考えられるようにする実践です。

教材「公園のおにごっこ」

> 　公園で鬼ごっこをしていると、幼稚園児でみんなと同じようには走れないゆうたがやってきた。しんじは「審判にしたほうがよい」、よしえは「一緒にやる」と考えた。しんじたちはわざと走るのを遅くすると、ゆうたは鬼ごっこをやめてしまう。みんなで考え、今度はちゃんと追いかけ、ゆうたにタッチする。すると、ゆうたは張り切って鬼となり、夢中で鬼ごっこをつづけた。

　本教材では、ゆうたと鬼ごっこをするにあたってどうすればよいかについてどんなことを話したか示されていません。そこで、Qの仕掛け⑧「書かれていない行動とこれから」を踏まえ、問題を「しんじたちは、どんな話し合いをしたのだろう？」としています。

Qの仕掛け表

Qの仕掛け	教材のよさや特徴	○問い・発問
①人物の行動や教材全体で価値を伝える	―	―
②印象深い題名・キーワード	―	―
③人物の気持ちや行動の変化	●わざと走るのを遅くしていたしんじたちがちゃんと追いかける。 ●ゆうたが夢中になって鬼ごっこをする。	○なぜ、しんじたちは、ちゃんと追いかけたのか？ ○ゆうたはどんな気持ちになったか？
④対照的な考え方の比較	―	―
⑤書かれていない思いや考え	●みんなで考えたとき、しんじやよしえの気持ち。 ●夢中に鬼ごっこをしたときの気持ち。	○どんなことを考えていた？ ○どんな気持ちだったか？
⑥普通はできない・そうならない	●みんなと同じように走れないゆうたを本気で追いかける。	○なぜ、ゆうたを本気で追いかけるのか？

⑦葛藤や考え方の対立	●幼稚園児でみんなと同じようには走れないゆうたを鬼ごっこに入れるかどうか、どう遊ぶかを考える。	○もし、あなたがゆうたと鬼ごっこをするなら、どうするだろう？
⑧書かれていない行動とこれから	●みんなで考えたとき、何を考えたかが書かれていない。	○しんじたちは、どんな話し合いをしたのだろう？
⑨「もしも…」	●ゆうたを審判にしたら。 ●本気で追いかけられて、ゆうたが悲しそうだったら。	○もしも、ゆうたを審判にしていたら、どうか？ ○もし、ゆうたが本気で追いかけられて、悲しそうだったらどうする？

●実際に行った授業展開

みんなで話し合う場面絵を提示し、それがどんな場面かを想像する。ゆうたが幼稚園児で思うように走ることができないことを伝え、鬼ごっこに入れるかを考える。子どもの考えを踏まえて、テーマを「どうすれば、あいてのためになるの？」とする。

問題を「しんじたちは、どんな話し合いをしたのだろう？」とする。グループで話し合い、しんじやよしえの思いを想像しながら、ゆうたに対する行動の理由を考える。

「しんじもよしえもゆうたのことを考えていたのに、どうしてゆうたは楽しくなくなってしまったのだろう？」と追発問し、相手のためになるためには、どんなことを考えて行動すればよいかを考える。

テーマ「どうすれば、あいてのためになるの？」に対して、気づいたことや大切だと思ったことなどを考えて話し合う。

◯ 授業の議論・対話と問い返し

導入 **Theme**
「どうすれば、あいてのためになるの？」

T　この絵を見てください。
- 公園で、みんなが話をしている。
- みんなで何かを考えているみたい。
- 誰が鬼になるかを決めているんじゃない？

T　このお話には、幼稚園児で足がよくなくて、みんなと同じように走ることができないゆうたという子が出てきます。ゆうたと鬼ごっこをするとしたら、みんなはどうする？
- 入りたがっているなら、入れてあげなきゃ！
- でもさ、足がもっと悪くなってしまうかも。
- 歩いて鬼ごっこすればいいんじゃない？　歩き鬼！

T　いろいろと考えられることが多そうだね。今日は、「どうすれば、あいてのためになるの？」について考えていきましょう。

※場面絵から想像したことを出し合うことで教材への関心を高めています。また、「みんなはどうする？」と投げかけることで、自分と重ねて考えられるようにしたうえでテーマを提示し、教材を範読しています。

展開①　T　鬼ごっこをやめたゆうたは、どんなことを思っていたのだろう？

- ●みんなと一緒にやっているのに、ひとりぼっち。
- ●鬼ごっこは、タッチしてくれないとつまらない。
- ●足が遅いって思われている。やっぱりぼくはダメなんだ。

T　この後、しんじたちは話し合っていますが、どんなことを話していたのだと思いますか？

問題　「しんじたちは、どんな話し合いをしたのだろう？」

- ●ゆうたにどうしたいかを聞く。でも、聞かれても困るかもとも思った。どうしたいか素直に言えないかも。
- ●ゆうたが他の遊びにしたいって言ったらそうする。
- ●ゆうたは鬼ごっこをしたいと思うから、みんなで本気で走ろうよって考えたと思う。
- ●それだと、ゆうたはタッチできないんじゃないかな。

※ここでは、子どもたちがしんじたちの立場を体験してみるため、4人グループになり、しんじたちが話し合っている場面をロールプレイしています。

展開②

T　最初、しんじはゆうたを審判にしようとしていたよね。それに対して、よしえは「入れよう」と言った。そんな2人が話し合っているとき、どんなことを考えていたのだと思う？

- ●よしえは、ゆうたがやりたいと言っているから入れた。でも、足がもっと悪くならないように遅くしようって考えていた。
- ●しんじは、こうなることをわかっていたんじゃないかな？　だからあまり走らない審判の役にしようとしたんじゃない？
- ●ゆうたをひとりぼっちにはしたくない。

T　え？　自分たちだけで、思いっきり遊びたいからゆうたを審判にしようとしたんじゃないの？

- ●違うよ！　ゆうたのことを考えて審判役にしようとした。

T　じゃあ、しんじもよしえもゆうたのことを考えて、ゆっくり走ったんだね。それなのに、ゆうたは楽しそうじゃない。なんで

こうなっちゃうの？
- ゆうたのことを考えているんだけど、考えていることがゆうたの気持ちと違う。
- でも、もしゆうたが大丈夫って言っても、本当はダメかもしれない。だから、けがが大丈夫なのか心配。
- 「けがをしたら…」とか「大丈夫かな…」って心配の気持ちとゆうたの気持ちとどっちを考えたらいいのかな。

T　むずかしいね…。そこまで考えるんだ。
- うん、むずかしい。ぼくは、全然そんなこと考えてないよ…。
- １年生を学校案内したり、一緒に遊んだりしたとき、がんばったよ。でも、そんなことを考えるとは思わなかった。

T　みんな、優しかったもんね。でも、考えずにやっていたんだ。
- でも、考えてやれるようになったら、もっとすごい。

T　なるほど。考えずにできる優しさもいいけど、考えてできる優しさもすごいのか。

※グループの話し合いでは、ゆうたが楽しくなれる方法がたくさん出されているものの、思いの部分はなかなか言葉になりません。そこで、しんじもよしえもゆうたのことを思っているのに、なぜゆうたが鬼ごっこを楽しく思えなかったのかについて考えてみるよう促したところ、自分の思いと相手の思いを合わせて考えることのむずかしさと大切さを感じ取っていたようでした。

終末

T　どうすれば、あいてのためになるのだと思う？
- 相手をよく見て、気持ちを考える。
- 相手の気持ちってよくわからないから、相手にいろいろと聞く。
- でも、相手に聞けないこともあると思う。
- 相手を心配するのも大事。でも、今のこと（状況）や気持ちも大事。

※テーマに立ち返り、改めてどんなことを考えたかについて話し合っています。

T　今日のテーマは「どうすれば、あいてのためになるの？」でした。考えたことをノートに書きましょう。

Qの仕掛け⑨ ～実践をつくる～　　第❸・❹学年

「もしも…」

実践の概要

主題（テーマ）
「命のつながりって、どういうこと？」
　D　生命の尊さ
　生命の尊さを知り、生命あるものを大切にすること。

道徳キーワード　命／生命／つながり／死／生きる
教材　いのちのまつり　ヌチヌグスージー（光村図書3年）
問題　「もしも、コウちゃんのおじいちゃんやおばあちゃんが他の人だったら、どうなると思う？」
ねらい　もしも祖先が一人でも違う人だったらどうなるのかを話し合い、命のつながりを考えることを通して、遠い先代から受け継がれてきたものであるという不思議さや雄大さから命の尊さを感じ、生命を大切にしていこうとする心情を育む。

● 主題（テーマ）「命のつながりって、どういうこと？」

　道徳キーワードの「生命」「つながり」と、テーマをつくる「5つの視点」の「価値の意味」を組み合わせ、テーマを「命のつながりって、どういうこと？」としています。

　誰しも「命は大切だ」「なくしたくない」と考えているものですが、それがどのような理由からなのかについては、千差万別でしょう。どれも正解なわけですが、なかでも、この授業で着目したかったのは「命のつながり」（「連続性」や「関係性」）です。この点について子どもたちが深く考えられるように工夫した実践です。

教材「いのちのまつり　ヌチヌグスージー」

> 　沖縄にきたコウちゃんは、墓の前でお祭りをするのを見て驚く。島のおばあちゃんから、命はご先祖から受け継いだものであり、数えきれないほどのうち一人でも欠けたら今の自分は存在しないという話を聞く。コウちゃんは、「命をありがとう！」と言う。

　数えきれないほどの先祖から命が受け継がれていることを、コウちゃんが知る場面が心に残ります。場面絵にもなっていますし、原作本ではそのページに仕掛けがあり、開くと無数の先祖が現れます。この絵を見ると「この中の一人でも欠けていたら…」などと考えてしまいます。

　そこで、Ｑの仕掛け⑨「『もしも…』」を踏まえ、問題を「もしも、コウちゃんのおじいちゃんやおばあちゃんが他の人だったら、どうなると思う？」としています。

Ｑの仕掛け表

Ｑの仕掛け	教材のよさや特徴	○問い・発問
①人物の行動や教材全体で価値を伝える	―	―
②印象深い題名・キーワード	●題名が「いのちのまつり　ヌチヌグスージー」。 ●数えきれない数の先祖の絵。	○「いのちのまつり」って、何？ ○コウちゃんにはどんな命のつながりがある？
③人物の気持ちや行動の変化	●コウちゃんが、命がたくさんの先祖から受け継がれていることを知る。	○おばあから話を聞いて、コウちゃんはどんなことを考えたかな？
④対照的な考え方の比較	―	―
⑤書かれていない思いや考え	●コウちゃんは大きな声で「命をありがとう」と言う。	○「命をありがとう」と言ったコウちゃんはどんな気持ち？
⑥普通はできない・そうならない	●コウちゃんは大きな声で「命をありがとう」と言う。	○なぜコウちゃんは、「命をありがとう」と言ったの？
⑦葛藤や考え方の対立	―	―

| ⑧書かれていない行動とこれから | ●コウちゃんが「命をありがとう」と言うところで教材が終わる。 | ○コウちゃんは、今後どう生きていくだろう？ |
| ⑨「もしも…」 | ●コウちゃんの命は、たくさんの先祖から受け継がれていて、一人でも欠けていたら今の自分は存在しない。 | ○もしも、おじいちゃんとおばあちゃんが他の人だったらどうなる？ |

●実際に行った授業展開

「命のつながり」と聞いて、どんなイメージをもつかを話し合う。「命のつながりについて、ズーンと心に響いてくれたら嬉しいなと思って、このお話を紹介します」と伝えたうえで範読する。

テーマである「命のつながりって、どういうこと？」を踏まえ、コウちゃんの命のつながりについて話し合う。

子どもの発言を踏まえ、問題を「もしも、おじいちゃんとおばあちゃんが他の人だったら、どうなると思う？」として話し合う。「じゃあ、ひいおじいちゃんが違う人だったら？」「ひいひいひいひいおばあちゃんが違う人だったら？」などと問いながら子どもの考えを促す。

「命のつながり」というワードをもとにして命が大切であることの理由を考えられるように、「なぜ、あなたの、相手の、生き物の命は大切なのだと思う？」と投げかけ、子どもたちの対話を促す。

● 授業の議論・対話と問い返し

Theme
「命のつながりって、どういうこと？」

T 今日は、「命のつながり」についてみんなで考えていこうと思うんだ。この言葉を聞いてどんなことが思い浮かぶ？

- ●命は一回。一個だけ。世界中みんな同じ。一人に一個だけ。
- ●お母さんのお腹から産まれてきたから、お母さんと命がつながっている。

T 命のつながりについて、ズーンと心に響いてくれたら嬉しいなと思って、「いのちのまつり　ヌチヌグスージー」というお話を紹介します。

※「命のつながり」という言葉に心惹かれる子どもは少なくありません。なかには、「食べる・食べられる」といった着眼点から、命のつながりを連想する子どももいます。どのようなイメージであれ、子どもにとっても「命のつながり」はシビアであり、心温まるものであり、自分事として考えられるテーマであるようです。

T このお話を読んで心に残ったことはどんなことかな？

- ●お父さんやお母さん、ご先祖さまとの血のつながりが命のつながりだと思った。
- ●ひいひいひいひい…って、めちゃめちゃたくさんいる！
- ●命はご先祖様がくれたもの。

T　コウちゃんはたくさんの命とつながっているんだよね。それって、どんなつながりなのだろう？
- お父さんやお母さんは「命の味方」。お父さんやお母さんがいなかったら、ぼくはいない。
- 多くのおじいちゃんやおばあちゃんがコウちゃんの命。先祖からつながって、コウちゃんは命をもらった。
- コウちゃんも大きくなったら結婚して、子どもができる。いつかご先祖様になる。

T　ステキな言葉だね！　もし、このオレンジの（コウちゃん）おばあちゃんがこの黄色の（別の）この人だったらどうなっていただろう？

※教材から心に残ったことや、コウちゃんの命のつながりについて話し合うと、子どもたちの多くが、「たくさんの先祖がつないでくれて自分がいる」ことを話しました。コウちゃんの無数の先祖の絵から、その数の多さに圧倒され、自分の命もたくさんの先祖の命がつながっていることを感じました。そうした思いを踏まえたうえで、問題「もしも、コウちゃんのおじいちゃんやおばあちゃんが他の人だったら、どうなると思う？」を提示しています。コウちゃんの先祖をオレンジの色紙に貼って視覚的に発問できるようにしました。

T　コウちゃんのおじいちゃんやおばあちゃんが他の人だったら、どうなると思う？

問題「もしも、コウちゃんのおじいちゃんやおばあちゃんが他の人だったら、どうなると思う？」

- それじゃ命がつながらない。
- コウちゃんが生まれてこない。コウちゃんじゃない人が生まれてきてしまう！
- 家族じゃなくなる！　違う命のつながりになる。ちがう人。

T　違うって、何が違うの？
- 性格、心、体、すべて変わってしまう！

●コウちゃんがいないことになっちゃう。

※「もしも、一人でも欠けていたら…」と仮定を「問題」とすることで、子どもたちは、顔や性格、心、体そのすべてが違うものになり、存在すらなくなるということに気づきます。そうした話し合いをつづけるうちに、自分は運命的・奇跡的に存在しているのだという考えにまで発展していきます。

終末

T　みんなの命もコウちゃんの命と同じだよね。改めて「命のつながり」について、どんなことを考えたかな？

●命のつながりはピラミッドの逆みたいな形。

●人が変わっても命はつながるけれど、自分じゃなくなってしまう！

●違うつながりでも、命は命。一人に一個だけなのは変わらない。

●今まで命をつないできてくれた人たち全員にお礼を言いたい！

●最初の人って、誰なんだろう？　最初の人に「ありがとう」って言いに行きたい！

●やっぱり「命のつながり」は、先祖全員の愛のつながり！　心のやさしさだと思う。

●わたしがいるのは偶然？　奇跡なのかも。

T　最後にこれを見てください（私の家系図を提示）。調べてみて、やっぱりちょっと顔が似ているなって思いました。先生はこんな「命のつながり」の中で生きているんだなって。もし興味があったら、みんなも調べてみてくださいね。

※テーマ「命のつながりって、どういうこと？」について考えたことをノートに書いた後に発表してもらったところ、自分たちが覚えた感動を共有することができたようです。
授業後、私自身の振り返りとして、「コウちゃんは、今後どう生きていこうと思ったのだろう？」「自分の命をどう大事にしていきたいと思う？」などと、さらに一歩踏み込んだ追発問を行うのもよかったかもしれないと思いました。なお、授業の最後に見せた家系図は、第１章で紹介した「ぴよちゃんとひまわり」の授業で使ったものです。あのときは、道徳科授業に対する思い込みがより強くなり、自分の授業が迷走するきっかけとなってしまったのですが、こうして違う形で活用することができてよかったと思います。

杉本　遼 （すぎもと・りょう）

東京都足立区立足立小学校教諭

渋谷区立広尾小学校、東京学芸大学附属大泉小学校を経て、現職。教員12年目。

・NHK for schools モヤも屋 編集協力者
・(株)学研教育みらい 道徳教科書・指導書 編集
・学習会「子どもも先生も楽しい授業を創る」をLINEオープンチャットで運営
・第29回 上廣道徳教育賞 最優秀賞「児童が楽しさや考えの深まりを実感する、柔軟な道徳科の授業展開〜児童の実態に合わせた『ロレンゾの友達』の3パターンの授業展開の検証〜」

［主な著書］髙宮正貴、杉本遼(共著)『道徳的判断力を育む授業づくり』北大路書房／杉本遼、町田晃大、髙宮正貴、藤井基貴(編著)『子どもの問いからはじめる！哲学対話の道徳授業』明治図書出版 ／杉本遼、髙宮正貴(編著)『小学校道徳科 発問組み立て辞典』明治図書出版

【楽創】子どもも先生も楽しい授業を創る
LINE オープンチャットへアクセス

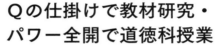

Qの仕掛けで教材研究・パワー全開で道徳科授業

授業準備はお手軽・お気軽10分間！

2024（令和6）年10月20日　初版第1刷発行

著　者　杉本遼
発行者　錦織圭之介
発行所　株式会社　東洋館出版社
　　　　〒101-0054　東京都千代田区神田錦町2-9-1
　　　　　　　　　　コンフォール安田ビル2階
　　　　代　表　TEL 03-6778-4343
　　　　営業部　TEL 03-6778-7278
　　　　振替　00180-7-96823
　　　　URL　https://www.toyokan.co.jp

装　幀　中濱健治
印刷・製本　藤原印刷株式会社

ISBN978-4-491-05565-7　Printed in Japan

JCOPY ＜(社)出版者著作権管理機構 委託出版物＞
本書の無断複写は著作権法上での例外を除き禁じられています。複写される場合は、そのつど事前に、(社)出版者著作権管理機構（電話 03-5244-5088、FAX03-5244-5089、e-mail:info@jcopy.or.jp）の許諾を得てください。

ISBN978-4-491-05565-7